Redação
Interpretação de Textos
Escolas Literárias

Professor Jorge Miguel

524
Exercícios
propostos e
resolvidos

www.dvseditora.com.br
São Paulo, 2012

Redação
Interpretação de Textos
Escolas Literárias

Copyright© DVS Editora 2012
Todos os direitos para a língua portuguesa reservados pela editora.

Nenhuma parte dessa publicação poderá ser reproduzida, guardada pelo sistema "retrieval" ou transmitida de qualquer modo ou por qualquer outro meio, seja este eletrônico, mecânico, de fotocópia, de gravação, ou outros, sem prévia autorização, por escrito, da editora.

Produção Gráfica, Diagramação: Spazio Publicidade e Propaganda

Dados Internacionais de Catalogação na Publicação (CIP)
(Câmara Brasileira do Livro, SP, Brasil)

Miguel, Jorge
   Redação, interpretação de textos, escolas literárias : 524 exercícios propostos e resolvidos / Jorge Miguel. -- São Paulo : DVS Editora, 2012.

   Bibliografia.
   ISBN 978-85-88329-67-6

   1. Português - Redação 2. Textos - Interpretação I. Título.

11-12601   CDD-808.0469

Índices para catálogo sistemático:

1. Português : Interpretação de textos   808.0469
2. Português : Redação   808.0469

Índice

Dedicatória 9

A magia da palavra 11

1. Descrição 13
"O mulato", de Aluísio Azevedo. 17
Exercícios de 1 a 16
"Paisagem de Outono", de Henri Frederic Amiel 19
Exercícios de 17 a 30
"O Grande Desastre aéreo de ontem", de Jorge de Lima 22
Exercícios de 31 a 40
"A Escrava Isaura", de Bernardo Guimarães 23
Exercícios de 41 a 50
"De quantas graças tinha a natureza", de Camões 25
Exercício 51

2. Narração 26
"Um amigo de Infância", de Humberto de Campos 30
Exercícios de 52 a 61
"Tragédia Brasileira", de Manuel Bandeira 33
Exercícios de 62 a 71
"O bacharel e o Juiz", Brás Patife 35
Exercícios de 72 a 81
"Mulheres! Mulheres!" de Lúcio de Mendonça 36
Exercícios de 82 a 91
"O almocreve", de Machado de Assis 38
Exercícios de 92 a 102

3. Dissertação 42
"Os homens temem o pensamento", de Bertrand Russell 46
Exercícios de 103 a 115

"Deve Predominar o ensino da linguagem
ou a educação técnica...?" de Albert Einstein.................................48
Exercícios de 116 a 127
"Ladrões", de Padre Antônio Vieira..50
Exercícios de 128 a 137
"Profetas e Padres", de Erich Fromm...52
Exercícios de 138 a 153

4. Discurso Direto e Indireto..............................56

"Conflito de Geração", de Millôr Fernandes.......................................65
Exercícios de 154 e 155
"Vieira vivia para fora, para cidade...", de Castilho.........................65
Exercício 156
"Uma galinha em flor", de Millôr Fernandes......................................66
Exercício 157
"Juiz consciencioso", de Lacerda Coutinho.......................................66
Exercícios de 158 a 163
"Doutores", de Gonçalves de Magalhães..67
Exercícios de 164 a 180
"Lixo", de Luis Fernando Veríssimo..69
Exercícios de 181 a 197
"Irene no céu", Manuel Bandeira...73
Exercícios de 198 a 203

5. Raciocínio Lógico..75

"Ovelha Perdida", de Gregório de Mattos..83
Exercícios de 204 a 211
"Fermoso Tejo meu", de Rodrigues Lobo...84
Exercícios de 212 a 218
"O heptágono redondo", de Domingos Carvalho da Silva................85
Exercícios de 219 a 226
"Frases sem sentido", de William P. Alstren......................................88
Exercícios de 227 a 244

6. Paráfrase e Paródia 92
"Jacó e Raquel", texto da Bíblia e soneto de Camões 97
Exercícios de 245 a 254
**"Ao casamento de Pedro Álvares da Neiva",
de Gregório de Mattos** 99
Exercícios de 255 a 259
"Jacó e Raquel", de Bastos Tigre 100
Exercícios de 260 a 266
"Sunetto Crássico", Juó Bananéri 102
Exercícios de 267 e 269
**"Sete anos de queixeiro Zé sirbia",
de Furnandes Albarlharão** 102
Exercícios de 270 a 274
"Sermão do Mandato", de Padre Antônio Vieira 104
Exercícios de 275 a 284
"Ouvir estrelas", Olavo Bilac e Bastos Tigre 106
Exercícios de 285 a 294

7. Interpretação de Textos 109
"Sonhos", Voltaire 114
Exercícios de 295 a 309
"O sonho e sua interpretação", de Freud 116
Exercícios de 310 a 324

8. Escolas Literárias 120
Renascimento 120
Barroco 122
Arcadismo 125
Romantismo 128
Realismo 134
Simbolismo 140
Primeira Fase do Modernismo 143
Segunda Fase do Modernismo 146
Terceira Fase do Modernismo 149

Exercícios em forma de teste 152

"A cada canto um grande conselheiro",
de Gregório de Mattos 152
Exercícios de 1 a 10

"Ladrões", de Padre Antônio Vieira 156
Exercícios de 11 a 20

"Terra Proibida", de Teixeira de Pascoaes 161
Exercícios de 21 a 35

De "Os lusíadas" estrofes I e II 168
Exercícios de 36 a 55

"Cantiga sua, partindo-se", de João Roiz de Castelo Branco 176
Exercícios de 56 a 75

"A estátua", de Alberto de Oliveira 184
Exercícios de 76 a 83

"O estatuário", de Padre Antônio Vieira 190
Exercícios de 84 a 95

"Um genocídio", de Alçada Baptista 196
Exercícios de 96 a 105

"O Sonho" e "O Quinto Império",
de Sebastião da Gama e Fernando Pessoa 201
Exercícios de 106 a 115

"Se é doce no recente, ameno estio
Ver toucar-se a manhã de etéreas flores...", de Bocage 207
Exercícios de 116 a 130

"Doçura de, no estio recente,
Ver a manhã toucar-se de flores", de Manuel Bandeira 213
Exercícios de 131 a 135

"Não te amo", de Almeida Garrett 216
Exercícios de 136 a 155

"Ó tu, que vens de longe...", de Alceu Wamosy 225
"Cheguei. Chegaste...", de Olavo Bilac 226
Exercícios de 156 a 165

"Ela canta, pobre ceifeira", de Fernando Pessoa 231
Exercícios de 166 a 175

"Mar Portuguez", de Fernando Pessoa..236
Exercícios de 176 a 190

"O Infante", de Fernando Pessoa..243
Exercícios de 191 a 200

Respostas às questões abertas...............248

Respostas às questões em forma de testes...............265

Bibliografia...............266

Créditos da fonte...............270

Dedicatória

Aos meus netos Jorge Augusto e Maurício

Um dia, no esplendor de sua vida, hão de saber que indizível é sinônimo perfeito de impensável – (O que não pode ser dito por palavras não pode ser pensado); que o pensamento cessa onde termina a linguagem; que só sabe pensar quem sabe falar; que as guerras, em toda a História da civilização, se iniciam quando se calam as palavras; que só se ama quando se fala que se ama; que as psicoses e as neuroses se propagam por meio das palavras; que no princípio da criação só existia a palavra, porque a palavra era Deus.

Seu avô.

A magia das palavras

O mundo das palavras, além de essencialmente humano, é sublime e fascinante. Sempre tiveram as palavras ao longo da história estigma de medo e superstição. Se o homem primitivo quisesse ter poderes sobre o inimigo, bastava que soubesse o nome dele. A expressão *em nome da lei* não teria reminiscências primitivas? Quantos atos da vida se consumam apenas com a articulação sonora de uma palavra? O *sim* que os noivos proferem na sentença do juiz... O *três* com o qual o leiloeiro dá por vendido o objeto leiloado... O *bati* com que o jogador encerra a partida de buraco... O *truco* com que o jogador desafia o adversário a fazer aquele lance valer mais pontos... E o *sim-salamim-bimbim* do mágico que transforma água em vinho. Não só a palavra proferida, mas também a escrita e a ouvida são importantes. Quantas transformações se operam no mundo com a palavra escrita? Os contratos e distratos, os acordos e desacordos, os tratados, os convênios, os códigos, os livros, mormemente aqueles que revolucionaram países e sua gente. E a palavra ouvida? Transforma aquele que se atém ao sermão do pregador; apavora o réu quando ouve a terrível sentença: *culpado*; torna solícito o cidadão que ouve o grito de *socorro*; desestrutura a mente do empregado quando *está despedido*; fascina os namorados que murmuram *eu te amo*.

Este livro trabalha com as palavras; procura orientá-lo e conduzi-lo ao mundo mágico das palavras. Palavras que edificam e transformam civilizações. Não acuse o escritor de exagerado. São João, no Capítulo 1 do Evangelho, escreve:

No princípio era o Verbo, e o Verbo estava com Deus, e o Verbo era Deus. O Verbo estava no princípio com Deus. Todas as coisas foram feitas pelo Verbo e nada do que foi feito, foi feito sem o Verbo. No Verbo estava a vida, e a vida era a luz dos homens.

O Autor

1
Descrição

Leia com atenção a descrição que Raul Pompeia faz, em O *Ateneu*, de Ribas, seu colega de internato:

"Durante este período de depressão contemplativa uma coisa apenas magoava-me: não tinha o ar angélico do Ribas, não cantava tão bem como ele. Que faria se morresse, entre os anjos, sem saber cantar? Ribas, quinze anos, era feio, magro, linfático. Boca sem lábios, de velha carpideira, desenhada em angústia - a súplica feita boca, a prece perene rasgada em beiços sobre dentes; o queixo fugia-lhe pelo rosto, infinitamente, como uma gota de cera pelo fuste de um círio... Mas, quando, na capela, mãos postas ao peito, de joelhos, voltava os olhos para o medalhão azul do teto, que sentimento! que doloroso encanto! que piedade! um olhar penetrante, adorador, de enlevo, que subia, que furava o céu como a extrema agulha de um templo gótico! E depois cantava as orações com a doçura feminina de uma virgem aos pés de Maria, alto, trêmulo, aéreo, como aquele prodígio celeste de garganteio da freira Virgínia em um romance do conselheiro Bastos. Oh! não ser eu angélico como o Ribas! Lembro-me bem de o ver ao banho: tinha as omoplatas magras para fora, como duas asas!"

O texto é o retrato de Ribas. Fosse o artista pintor, faria com o pincel e tinta; escritor que foi, usou da pena e da palavra. Predomina no texto a descrição. Ribas era feio, cantor e tinha ar angelical. Mas o artista não se contenta em apenas declarar que Ribas era feio, cantor, com ar angelical; ele compara, demonstra e convence. Feio, porque magro e linfático (de cor cadavérica). Feio, porque não tinha lábios. A boca lembrava as velhas carpideiras: boca magra, pequena, voltada para dentro. Feio, porque não tinha queixo. Parecia o queixo uma gota de cera presa na haste de uma vela.

Ribas tinha a expressão angelical: as mãos postas, de joelhos e os olhos pregados no teto da igreja. Esse seu olhar rasgava o céu como o templo gótico - pontiagudo, fino, mostrando os caminhos do infinito.

Ribas cantava bem. Mas não basta a declaração; é preciso convencer. Cantava com a doçura feminina; cantava como uma virgem ao pé de Maria: alto, trêmulo, aéreo.

A visão que o autor teve ao banho reforça ainda mais a ideia de feiúra e da expressão angelical: omoplatas magras para fora como duas asas. Magras, portanto feio; asas, portanto anjo.

Eis aí uma descrição; guarda-se na mente a imagem de Ribas, como se fosse uma pintura.

Como já dissemos, predomina no texto a descrição, embora haja algum enfoque narrativo: "durante este período de depressão contemplativa uma coisa apenas magoava-me" ou "lembro-me bem de o ver ao banho". Há também o enfoque dissertativo, ideias, conceitos: "que faria se morresse, entre os anjos, sem saber cantar?" ou "não ser eu angélico como o Ribas!". Porém, o texto todo em destaque descreve o personagem e o faz como se ele realmente existisse. Quando age, descobrimos seu caráter: as mãos postas de Ribas, seu olhar angelical, o misticismo... O autor não se satisfaz em descrever seu personagem apenas pela configuração externa, o contorno, o físico. Faz o personagem agir e daí revela-se o lado interior, o espiritual, o moral, enfim o caráter. Se um traço do caráter for absorvente, predominante em detrimento de outros, é preferível chamar *tipo* ao ser humano que se descreve. As atitudes do tipo são mais ou menos previsíveis: Tarzan, Batman, Zorro são tipos, como tende para tipo o Conselheiro Acácio descrito por Eça de Queirós em *O Primo Basílio*: Era alto, magro, vestido todo de preto, com o pescoço entalado num colarinho direito. O rosto aguçado no queixo ia-se alargando até a calva, vasta e polida, um pouco amolgada no alto; tingia os cabelos, que duma orelha à outra lhe faziam colar por trás da nuca - e aquele preto lustroso dava, pelo contraste, mais brilho à calva; mas não tingia o bigode: tinha-o grisalho, farto, caído aos cantos da boca. Era muito pálido; nunca tirava as lunetas escuras. Tinha uma covinha no queixo, e as orelhas grandes muito despegadas do crânio.

Fora, outrora, diretor-geral do Ministério do Reino, e sempre que dizia "El-Rei!", erguia-se um pouco na cadeira. Os seus gestos eram medidos, mesmo a tomar rapé. Nunca usava palavras triviais; não dizia "vomitar"; fazia um gesto indicativo e empregava "restituir". Dizia sempre "o nosso Garrett, o nosso Herculano". Citava muito.
A paisagem pode ser também captada artisticamente, revelando a natureza através de suas cores, formas, sons, odores, linhas. A descrição anima a natureza, dá-lhe alma, como faz Eça de Queirós em *A Cidade e as Serras*:

"Por toda a parte a água sussurrante, a água fecundante... Espertos regatinhos fugiam, rindo com os seixos, dentre as patas da égua e do burro; grossos ribeiros açodados saltavam com fragor de pedra em pedra; fios direitos e luzidios como cordas de prata vibravam e faiscavam das alturas aos barrancos; e muita fonte, posta à beira de veredas, jorrava por uma bica, beneficamente, à espera dos homens e dos gados... Todo um cabeço por vezes era uma seara, onde um vasto carvalho ancestral, solitário, dominava como seu senhor e seu guarda. Em socalcos verdejavam laranjas recendentes. Caminhos de lajes soltas circundavam fartos prados com carneiros e vacas retouçando; ou mais estreitos, entalados em muros, penetravam sob ramadas de parra espessa, numa penumbra de repouso e frescura. Trepávamos então alguma ruazinha de aldeia, dez ou doze casebres, sumidos entre figueiras, onde se esgarçava, fugindo do lar pela telha-vã, o fumo branco e cheiroso das pinhas. Nos cerros remotos, por cima da negrura pensativa dos pinheirais, branquejavam ermidas. O ar fino e puro entrava na alma, e na alma espalhava alegria e força. Um esparso tilintar de chocalhos de guizos morria pelas quebradas..."

As cores do cenário aparecem no quadro pictórico de Eça: em socalcos (os degraus de uma encosta) verdejavam laranjas, penumbra de repouso, o fumo branco, negrura dos pinheirais, ermidas (pequenas igrejas) branquejavam.
As formas e linhas do ambiente: grossos ribeiros, fios, cabeço (cume arredondado de monte), vasto carvalho, socalcos, parra espessa.

- Sons: água sussurrante, rindo com os seixos, saltavam com fragor, um esparso tilintar de chocalhos de guizos.
- Odor: laranjas recendentes, fumo cheiroso das pinhas.

Vê-se claramente que o autor descreve o ambiente envolvendo no mesmo conjunto toda a atmosfera do local. Para ele, a ideia de ambiente está ligada, não às coisas isoladas, mas ao conjunto que circunda o observador.

As descrições de ambiente ou mesmo de personagens se fazem de duas maneiras:

1. O observador não participa do ambiente:

Os túmulos são monumentos arquitetônicos que se elevam no sítio em que se acham enterrados os despojos de um ser humano, podendo ainda apresentar um compartimento especial - a câmara fúnebre - onde se encontra o fogo. A função do túmulo é a de proteger os restos mortais do finado contra a ação de elementos naturais, perpetuando-lhe a memória. O recinto onde se guardam os mortos chama-se cemitério.

Enciclopédia Barsa

Vê-se, nesta descrição, que o observador se mantém impessoal; não se envolve com o ambiente. Apenas descreve as coisas, de maneira fria, impassível, tal qual o escrivão policial descreve na ficha o criminoso: alto, magro, moreno, um metro e noventa, cabelos pretos, lisos, nariz, boca, lábios etc. ... etc.

2. O ambiente atua de forma decisiva no estado psicológico do autor. Influi nos seus sentimentos e percepções; portanto, na sua maneira de descrever ambientes ou personagens:

Durante esse passeio, vão-se cristalizando em meu ser as sensações que pouco a pouco, desde minha saída de Madrid, vou acumulando. Os álamos gráceis que sob um céu de prata oxidada e num ambiente úmido e suave tremiam com todas suas folhinhas, davam-me a sensação de indizível calma. O tremor desses álamos é incessante...

Azorín

Há no texto envolvimento pessoal: "os álamos davam-me a sensação de indizível calma". O ambiente exerce forte influência no espírito do observador.

Quanto mais impessoal for uma descrição, mais técnica será; quanto mais pessoal, mais acentuado o estilo. Ambas convivem no texto. É rara descrição puramente impessoal ou pessoal. Um ambiente nunca é estático e invariável. Há olhos que tentam vê-lo como máquina fotográfica. Há outros que professam firmemente a ideia de que as coisas são como se veem e cada um vê de maneira pessoal e subjetiva.

Exercícios

Para os exercícios de **1** a **16** leia atentamente o texto extraído de *O Mulato*, de Aluísio Azevedo:

"A Praça da Alegria apresentava um ar fúnebre. De um casebre miserável, de porta e janela, ouviam-se gemer os armadores enferrujados de uma rede e uma voz tísica e aflautada, de mulher, cantar em falsete a "gentil Carolina era bela", doutro lado da praça, uma preta velha, vergada por imenso tabuleiro de madeira, sujo, seboso, cheio de sangue e coberto por uma nuvem de moscas, apregoava em tom muito arrastado e melancólico: "Fígado, rins e coração!" Era uma vendedeira de fatos de boi. As crianças nuas, com as perninhas tortas pelo costume de cavalgar as ilhargas maternas, as cabeças avermelhadas pelo sol, a pele crestada, os ventrezinhos amarelentos e crescidos, corriam e guinchavam, empinando papagaios de papel. Um ou outro branco, levado pela necessidade de sair, atravessava a rua, suando, vermelho, afogueado, à sombra de um enorme chapéu-de-sol. Os cães, estendidos pelas calçadas, tinham uivos que pareciam gemidos humanos, movimentos irascíveis, mordiam o ar, querendo morder os mosquitos. Ao longe, para as bandas de São Pantaleão, ouvia-se apregoar: "Arroz de Veneza! Mangas! Macajubas!" Às esquinas, nas quitandas vazias, fermentava um cheiro acre de sabão da terra e aguardente. O quitandeiro, assentado sobre o balcão, cochilava a sua preguiça morrinhenta, acariciando o seu imenso e espalmado pé descalço.

Da Praia de Santo Antônio enchiam toda a cidade os sons invariáveis e monótonos de uma buzina, anunciando que os pescadores chegavam do mar; para lá convergiam, apressadas e cheias de interesse, as peixeiras, quase todas negras, muito gordas, o tabuleiro na cabeça, rebolando os grossos quadris trêmulos e as tetas opulentas."

1. A Praça da Alegria de que fala o texto fica em São Luís do Maranhão. O autor inicia a descrição com uma tese: "A Praça da Alegria apresentava um ar fúnebre". Retire do texto todos os adjetivos cujo significado comprova que a cidade de São Luís, com efeito, tinha o aspecto fúnebre.

2. Faça o mesmo com os verbos.

3. Mostre como a presença dos personagens colabora para que seja mais fúnebre o aspecto da Praça da Alegria.

4. Retire do texto as cores do ambiente.

5. Retire as formas e linhas.

6. Retire o som.

7. Retire o odor.

8. Era um dia de calor. O autor demonstra no texto. Retire os elementos que comprovem um dia abafadiço.

9. No casebre miserável os armadores enferrujados de uma rede gemem. Esse gemido está em sintonia com a voz da mulher? Por quê?

10. E a voz tísica da mulher, está em sintonia com o título da música? Por quê?

11. A velha vendedeira traz um tabuleiro sujo, seboso, cheio de sangue e coberto por uma nuvem de moscas. O aspecto do tabuleiro está em sintonia com aquilo que vende? Por quê?

12. Sobre as crianças, explique:
a) Por que têm as perninhas tortas?
b) Por que as cabeças avermelhadas?
c) Por que a pele crestada?
d) Por que os ventrezinhos são amarelentos?
e) E por que crescidos?

13. Os cães se igualam aos seres humanos. Em que termos?

14. A tese: "A Praça da Alegria apresentava um ar fúnebre" foi convincentemente demonstrada? Por quê?

15. Descreva uma praça. Use do mesmo recurso do autor: observação minuciosa, retrato fiel dos personagens, cores, sons, linhas e formas, odor. Fixe-se nos aspectos negativos do ambiente, tal qual fez o autor.

16. Descreva uma praça que se oponha frontalmente a de Aluísio Azevedo, fixando-se nos aspectos belos do ambiente.

Para os exercícios de **17** a **30** leia atentamente o texto de Henri Frederic Amiel extraído de seu diário:

"Paisagem de outono. Céu de fundo cinzento, com pregas de diversos matizes; névoas que se arrastam sobre as montanhas do horizonte. Natureza melancólica. As folhas caíam por toda parte como as únicas ilusões da juventude sob as lágrimas de incuráveis dores. A ninhada de pássaros canoros que se assustavam nos pequenos bosques e que se divertiam sob a ramagem, assemelhava-se aos grupos de escolares que se amontoam e se ocultam em algum pavilhão. O solo se achava atape-

tado de folhas escuras, amarelas e avermelhadas; as árvores despidas umas mais do que as outras, estavam como que tintas de vermelho, de amarelo e de amaranto; os arvoredos fechados também se avermelhavam, e ainda restavam algumas flores: rosas, capuchinhas e dálias, cujas pétalas desprendiam gotas de chuva. Os campos estavam nus e as sebes empobrecidas; o abeto, única árvore vigorosa, verde e estóica, desafiava a estação com sua eterna juventude. As formas, as cores, os vegetais e os seres animais, a terra e o céu, proporcionam constantemente, ao que sabe contemplá-los, numeráveis e maravilhosos símbolos que apareciam, perante mim, encantadores e cheios de atrativos. Tinha entre minhas mãos o amuleto poético e me bastava ver um fenômeno para que me mostrasse sua significação."

17. O ambiente de que nos fala Aluísio Azevedo é fúnebre. Este - de Henri Frederic Amiel - não. Pelo contrário, destaca os aspectos belos, com forte influência sobre o estado de alma do autor. Retire do texto todos os adjetivos cujo significado comprove o que se disse.

18. Faça o mesmo com os substantivos.

19. Retire do texto as cores do ambiente.

20. Retire as formas e linhas.

21. Paisagem de outono. O autor demonstra no texto. Retire os elementos que comprovem ser de outono o cenário da natureza.

22. A tese - "paisagem de outono" - foi convincente? Por quê?

23. Dê a causa, com palavra do texto, dos seguintes fenômenos:
a) céu de fundo cinzento;
b) natureza melancólica;
c) o solo achava-se atapetado de folhas.

24. "As folhas caíam por toda parte *como as únicas ilusões da juventude*".
Retire o elemento comparativo e estabeleça você outra comparação.

25. "A ninhada de pássaros canoros... *assemelhava-se aos grupos de escolares que se amontoam...*". Retire o elemento comparativo e estabeleça você outra comparação.

26. Compare ambas as descrições: a de Aluísio e a de Amiel. Qual tende para uma descrição subjetiva? Por quê?

27. Qual tende para uma descrição objetiva? Por quê?

28. Qual dos autores se aproxima mais do pensamento de Taine: "As produções do espírito humano, como as da natureza, só se explicam pelo meio em que nascem". Por quê?

29. Qual dos autores se aproxima mais do pensamento de Ortega y Gasset: "O meio não depende só de nossa estrutura corporal, mas também de nossa estrutura psicológica. Cada indivíduo possui um regime de atenção diferente, fixa-se em umas coisas e cega-se para outras". Por quê?

30. Imite o autor. Descreva uma paisagem de primavera.

Texto para os exercícios de **31** a **40**.

O grande desastre aéreo de ontem
Para Portinari

"Vejo sangue no ar, vejo o piloto que levava uma flor para a noiva, abraçado com a hélice. E o violonista em que a morte acentuou a palidez, despenhar-se com sua cabeleira negra e seu estradivário. Há mãos e pernas de dançarinas arremessadas na explosão. Corpos irreconhecíveis identificados pelo Grande Reconhecedor. Vejo sangue no ar, vejo chuva de sangue caindo nas nuvens batizadas pelo sangue dos poetas mártires. Vejo a nadadora belíssima, no seu último salto de banhista, mais rápida porque vem sem vida. Vejo três meninas caindo rápidas, enfunadas, como se dançassem ainda. E vejo a louca abraçada ao ramalhete de rosas, que ela pensou ser o pára-quedas, e a prima-dona com a longa cauda de lantejoulas riscando o céu como um cometa. E o sino que ia para uma capela do oeste, vir dobrando finados pelos pobres mortos. Presumo que a moça adormecida na cabine ainda vem dormindo, tão tranquila e cega! Ó amigos, o paralítico vem com extrema rapidez, vem como uma estrela cadente, vem com as pernas do vento. Chove sangue sobre as nuvens de Deus. E há poetas míopes que pensam que é o arrebol."
Jorge de Lima

31. Portinari - grande pintor brasileiro. Pesquise em que época viveu.

32. Você considera esse texto uma descrição objetiva ou subjetiva? Por quê?

33. Retire do texto as cores do ambiente.

34. Qual é o tom de cor que predomina?

35. Retire as formas e linhas.

36. Retire o som.

37. Observe o binômio:
   piloto/hélice
   violinista/ estradivário
Continue:
   dançarinas/
   louca/
   prima-dona/
   paralítico/

38. Quem é o Grande Reconhecedor de que fala o texto?

39. Arrebol é a vermelhidão da aurora ou do sol-posto. Explique: "Há poetas míopes que pensam que é o arrebol".

40. Apesar da tragédia, o autor faz uma descrição poética da cena. Vê com olhos de artista. Imite o poeta. Descreva, com olhos de poeta, um desastre automobilístico.

Para os exercícios de 41 a 50 leia a descrição que o autor faz de Isaura no romance *A Escrava Isaura*:

"Acha-se ali sozinha e sentada ao piano uma bela e nobre figura de moça. As linhas do perfil desenham-se distintamente entre o ébano da caixa do piano, e as bastas madeixas ainda mais negras do que ele. São tão puras e suaves essas linhas, que fascinam os olhos, enlevam a mente, e paralisam toda análise. A tez é como o marfim do teclado, alva que não deslumbra, embaçada por uma nuança delicada, que não sabereis dizer se é leve palidez ou cor-de-rosa desmaiada. O colo donoso e do mais puro lavor sustenta com graça inefável o busto maravilhoso. Os cabelos soltos e fortemente ondulados se despenham caracolando pelos

ombros em espessos e luzidios rolos, e como franjas negras escondiam quase completamente o dorso da cadeira, a que se achava recostada. Na fronte calma e lisa como mármore polido, a luz do ocaso esbatia um róseo e suave reflexo; di-la-íeis misteriosa lâmpada de alabastro guardando no seio diáfano o fogo celeste da inspiração. Tinha a face voltada para as janelas, e o olhar vago pairava-lhe pelo espaço.
Os encantos da gentil cantora eram ainda realçados pela singeleza, e diremos quase pobreza do modesto trajar. Um vestido de chita ordinária azul-claro desenhava-lhe perfeitamente com encantadora simplicidade o porte esbelto e a cintura delicada, e desdobrando-se-lhe em roda em amplas ondulações parecia uma nuvem, do seio da qual se erguia a cantora como Vênus nascendo da espuma do mar, ou como um anjo surgindo dentre brumas vaporosas. Uma pequena cruz de azeviche presa ao pescoço por uma fita preta constituía o seu único ornamento."
Bernardo Guimarães

41. Com suas palavras, descreva de Isaura:
os cabelos -
a tez -
a fronte -
a roupa -

42. Em que termos se opera a comparação entre a moça e o piano?

43. Supondo que a moça fosse negra, como o autor estabeleceria a comparação entre Isaura e o piano?

44. Retire do texto as cores.

45. Qual a tonalidade de cor que predomina?

46. Retire as formas e linhas.

47. Predomina o retilíneo ou curvilíneo? Por quê?

48. O autor inicia a descrição com uma tese: "<u>bela e nobre</u> figura de moça". O autor comprovou satisfatoriamente a beleza? Por quê? E a nobreza foi comprovada? Por quê?

49. Os verbos estão no presente do indicativo, outros poucos no imperfeito do indicativo. Nenhum deles no pretérito perfeito do indicativo. Por que os tempos verbais do texto se coadunam com a descrição?

50. Imite o autor. Descreva uma aluna, sentada à carteira, com a face voltada para as janelas, e o olhar vago pairando pelo espaço.

51. Leia com atenção este soneto de Camões:

De quantas graças tinha, a Natureza
Fez um belo e riquíssimo tesouro,
E com rubis e rosas, neve e ouro,
Formou sublime e angélica beleza.

Pôs na boca os rubis, e na pureza
Do belo rosto as rosas, por quem mouro;
No cabelo o valor do metal louro;
No peito a neve em que a alma tenho acesa.

Mas nos olhos mostrou quanto podia
E fez deles um sol, onde se apura
A luz mais clara que a do claro dia.

Enfim, Senhora, em vossa compostura
Ela a apurar chegou quanto sabia
De ouro, rosas, rubis, neve e luz pura.

Descreva você agora, em verso ou prosa, a *Monalisa* de Leonardo Da Vinci.

2
Narração

Leia com atenção esta engraçada anedota de Humberto de Campos:

O Gramático

"Alto, magro, com os bigodes grisalhos a desabar, como ervas selvagens pela face de um abismo, sobre os cantos da funda boca munida de maus dentes, o professor Arduíno Gonçalves era um desses homens absorvidos completamente pela gramática. Almoçando gramática, jantando gramática, ceando gramática, o mundo não passava, aos seus olhos, de um enorme compêndio gramatical, absurdo que ele justificava repetindo a famosa frase do Evangelho de João:
- No princípio era o VERBO!
Encapado pela gramática, e às voltas, de manhã à noite, com os pronomes, com os adjetivos, com as raízes, com o complicado arsenal que transforma em um mistério a simplicíssima arte de escrever, o ilustre educador não consagrava uma hora sequer às coisas do seu lar. Moça e linda, a esposa pedia-lhe, às vezes, sacudindo-lhe a caspa do paletó esverdeado pelo tempo:
- Arduíno, põe essa gramatiquice de lado. Presta atenção aos teus filhos, à tua casa, à tua mulher! Isso não te põe para diante!
Curvado sobre a grande mesa carregada de livros, o cabelo sem trato a cair, como falripas de aniagem, sobre as orelhas e a cobrir o colarinho da camisa, o notável professor retirava dos ombros a mão cariciosa da mulher, e pedia-lhe, indicando a estante:
- Dá-me dali o Adolfo Coelho.
Ou:
- Apanha, aí, nessa prateleira, o Gonçalves Viana.
Desprezada por esse modo, Dona Ninita não suportou mais o seu destino: deixou o marido com as suas gramáticas, com os seus dicionários, com os seus volumes ponteados de traça, e começou a gozar a vida passeando, dançando e, sobretudo, palestrando com o seu primo

*Gaudêncio de Miranda, rapaz que não conhecia o padre Antônio Vieira, o João de Barros, o frei Luís de Sousa, o Camões, o padre Manuel Bernardes, mas que sabia, como ninguém, fazer sorrir as mulheres.
- Ele não prefere, a mim, aquela porção de alfarrábios que o rodeiam? Então, que se fique com eles!
E passou a adorar o Gaudêncio, que a encantava com a sua palestra, com o seu bom-humor, com as suas gaiatices, nas quais não figuravam, jamais, nem Garcia de Rezende, nem Gomes Eanes de Azurara, nem Rui de Pina, nem Gil Vicente, nem, mesmo, apesar do seu mundanismo, D. Francisco Manuel de Melo.
Assim viviam, o professor, com seus puristas, e D. Ninita com o seu primo, quando, de regresso, um dia, ao lar, o desventurado gramático surpreendeu a mulher nos braços musculosos, mas sem estilo, de Gaudêncio de Miranda. Ao abrir-se a porta, os dois culpados empalideceram, horrorizados. E foi com o pavor no coração que o rapaz se atirou aos pés do esposo traído, pedindo, súplice, de joelhos:
- Me perdoe, professor!
Grave, austero, sereno, duas rugas profundas sulcando a testa ampla, o ilustre educador encarou o patife, trovejando, indignado:
- Corrija o pronome, miserável! Corrija o pronome!
E, entrando no gabinete, começou, cantarolando, a manusear os seus clássicos..."*

O texto é um bom exemplo de narração. Possui três partes bem distintas:
1. preâmbulo;
2. ação;
3. desfecho.

O conhecimento das partes de uma narração é que caracteriza os bons escritores. Saber contar uma anedota, novela ou conto é próprio de quem conhece suas partes essenciais.
Preâmbulo: introduz os personagens, o ambiente, as circunstâncias, o tempo. Deve ser tão rápido quanto possível. Quem se perde no

preâmbulo não sabe contar histórias. No texto de Humberto de Campos, o preâmbulo vai até a palavra *gramática*. Até aí, o autor nos diz o que considerou necessário para iniciar a ação. Descreve Arduíno Gonçalves, como um homem desleixado e fanático pela gramática. São dois conceitos importantes para a história, pois levam à traição conjugal e ao desfecho. Neste primeiro parágrafo, o autor narrou tudo que considerou importante e nada mais.

Ação: na ação o autor leva o leitor à curiosidade de querer chegar ao fim. Tudo é feito para provocar esse desejo. Mas note: o desfecho não deve ser revelado na ação. Desde que o principal desapareça, o acessório já não mais tem tanta importância. A ação é que alimenta a história, cria expectativas, revela conflitos. Pouco importa sejam os fatos reais ou fictícios, simultâneos ou sucessivos. Importa deixar o leitor em suspense pelos fatos encadeados, onde os personagens ganham caráter, o leitor toma partido, amando, odiando, rindo ou gozando.

No texto de Humberto de Campos, a ação começa em *almoçando* e vai até *D. Francisco Manuel de Melo*. Aí o autor revela, através de atos, o quanto Arduíno era fanático pela gramática, o quanto era relaxado com o corpo. O fanatismo e a displicência levaram Dona Ninita ao adultério. O primo não sabia gramática nem lia os clássicos, mas era catedrático no amor. Está armada a intriga; o desfecho vai revelar o desenlace.

Desfecho: no desfecho a curiosidade se satisfaz. Ele é que nos comove ao choro ou ao riso; ao ódio ou ao amor. No texto, começa em *Assim viviam* e vai até o final. O casal apanhado em flagrante, desespera-se. O amante pede perdão ao marido.

Me perdoe, professor!

A colocação pronominal não obedece aos ditames da gramática portuguesa seguida em Portugal. Na terra de Camões, nunca se pode iniciar uma oração com o pronome oblíquo. O marido traído prefere corrigir o amante, a importar-se com a traição. O que o magoa é o erro de português, não o adultério. Dissese Gaudêncio:

Perdoe-me, professor!

Arduíno nada teria para repreender ou censurar.

A primeira vista, narrar algo consiste simplesmente em contar uma história fictícia ou não. Apesar de alicerçar-se basicamente nessa noção, a arte de narrar envolve fatores que vão muito além do simples relato de fatos. Quem narra está, inegavelmente, informando fatos. Todavia, apesar de aproximar-se da informação, a narração jamais deve ser confundida com ela. O informador limita-se a relatar aquilo que viu ou ouviu. Reproduz a realidade tal qual uma máquina fotográfica. O narrador faz mais do que informar: transcende a mera anunciação de acontecimentos. Ao lermos um jornal, é quase impossível distinguir-se o autor de uma notícia. O texto noticioso é imparcial, claro, objetivo. Busca a precisão, a verdade dos fatos. Leiamos o texto de Humberto de Campos na pena de um jornalista:

O professor Arduíno Gonçalves, eminente educador e autoridade em gramática, surpreendeu em flagrante sua esposa Dona Ninita, traindo--o com o jovem Gaudêncio de Miranda, primo da adúltera. Num lance de inusitado autocontrole, o já grisalho mestre deixou pasmados os amantes ao corrigir a colocação pronominal das súplicas de perdão do rapaz, para, em seguida, refugiar-se em seu gabinete.

Se compararmos ambas as histórias, notaremos que as informações transmitidas ao leitor são, na essência, iguais. O escritor elaborou a trama, ordenou as circunstâncias, planejou o preâmbulo, a ação e o desfecho. Cuidou do tempo: antes e depois - almoçando/jantando; a esposa/a amante; o primo/o conquistador; assim viviam/o flagrante. Humberto de Campos teve liberdade na exposição da história. O jornal foi seco, frio, rígido; informou, nada mais. O artista foi flexível, envolvente, maleável, humano. A narração não se sujeita única e exclusivamente à história, mas modela-se, acompanhando o temperamento do autor; por isso é pessoal, íntima. Assim é possível sacrificar os fatos em nome da "marca pessoal". Com efeito, sempre recriamos os fatos; não são eles estáticos em nossa mente. O tempo e a experiência vão dando aos fatos um colorido pessoal, próprio; um mesmo fato pode ser contado por vários artistas e, sem dúvida, cada um deles contará diferente. Assim é que a narração exprime um modo de pensar, por isso algumas delas ficam gravadas em nossa mente, e por mais que passem as gerações tornam-se instituições culturais de um povo. Possuem tais histórias a mais variada gama de ensinamentos morais e religiosos, sugestões para a vida prática e filosofia perante ela. Vezes há em que constituem um dos mais poderosos instrumentos de homogeneização cultural, colaborando com a perpetuidade de alguns valores fundamentais em determinado meio, espaço e tempo. Assim são as histórias épicas de Homero e as parábolas de Cristo.

Por último, note que no texto de Humberto de Campos predomina a narração, sem haver, contudo, o abandono da descrição ou dissertação.

A descrição aparece no texto: "alto, magro, com os bigodes grisalhos a desabar, como ervas selvagens pela face de um abismo, sobre os cantos da funda boca munida de maus dentes".

A dissertação também aparece, como neste conceito que o autor assinala: há mundanismo na obra de D. Francisco Manuel de Melo.

Mas a narração prevalece no texto - há sucessão de fatos: a paixão pela gramática, o gosto pelos clássicos, o desprezo pela mulher, a traição, o flagrante, a indignação do professor não pela infidelidade da esposa, mas pelo erro de português do amante.

Exercícios

Texto para os exercícios de **52** a **61**.

Um amigo de infância

"No dia seguinte ao da mudança para a nossa pequena casa dos Campos, em Parnaíba, em 1896, toda ela cheirando ainda a cal, a tinta e a barro fresco, ofereceu-me a Natureza, ali, um amigo. Entrava eu no banheiro tosco, próximo ao poço, quando os meus olhos descobriram no chão, no interstício das pedras grosseiras que o calçavam, uma castanha de caju que acabava de rebentar, inchada, no desejo vegetal

de ser árvore. Dobrado sobre si mesmo, o caule parecia mais um verme, um caramujo a carregar a sua casca, do que uma planta em eclosão. A castanha guardava, ainda, as duas primeiras folhas unidas e avermelhadas, as quais eram como duas jóias flexíveis que tentassem fugir do seu cofre.
- Mamãe, olhe o que eu achei! - grito, contente, sustendo na concha das mãos curtas e ásperas o mostrengo que ainda sonhava com o sol e com a vida.
- Planta, meu filho... Vai plantar... Planta no fundo do quintal, longe da cerca...
Precipito-me, feliz, com a minha castanha viva. A trinta ou quarenta metros da casa, estaco. Faço com as mãos uma pequena cova, enterro aí o projeto de árvore, cerco-o de pedaços de tijolo e telha. Rego-o. Protejo-o contra a fome dos pintos e a irreverência das galinhas. Todas as manhãs, ao lavar o rosto, é sobre ele que tomba a água dessa ablução alegre. Acompanho com afeto a multiplicação das suas folhas tenras. Vejo-as mudar de cor, na evolução natural da clorofila. E cada uma, estirada e limpa, é como uma língua verde e móbil, a agradecer-me o cuidado que lhe dispenso, o carinho que lhe voto, a água gostosa que lhe dou.
O meu cajueiro sobe, desenvolve-se, prospera. Eu cresço, mas ele cresce mais rapidamente do que eu. Passado um ano, estamos do mesmo tamanho. Perfilamo-nos um junto do outro, para ver qual é mais alto. É uma árvore adolescente, elegante, graciosa. Quando eu completo doze anos, ele já me sustenta nos seus primeiros galhos. Mais uns meses e vou subindo, experimentando a sua resistência. Ele se balança comigo como um gigante jovem que embalasse nos braços o seu irmão de leite.
Aos treze anos da minha idade, e três da sua, separamo-nos, o meu cajueiro e eu. Embarco para o Maranhão, e ele fica. Na hora, porém, de deixar a casa, vou levar-lhe o meu adeus. Abraçando-me ao seu tronco, aperto-o de encontro ao meu peito. A resina transparente e cheirosa corre-lhe do caule ferido. Na ponta dos ramos mais altos abotoam os primeiros cachos de flores miúda arroxeadas como pequeninas unhas de crianças com frio.

- Adeus, meu cajueiro! Até a volta!
Ele não diz nada, e eu me vou embora.
Da esquina da rua, olho ainda, por cima da cerca, a sua folha mais alta, pequenino lenço verde agitado em despedida. E estou em S. Luís, homem-menino, lutando pela vida, enrijando o corpo no trabalho bruto e fortalecendo a alma no sofrimento, quando recebo uma comprida lata de folha acompanhando uma carta de minha mãe: "Receberás com esta uma pequena lata de doce de caju, em calda. São os primeiros cajus do teu cajueiro. São deliciosos, e ele te manda lembranças.."
Há, se bem me lembro, uns versos de Kipling, em que o Oceano, o Vento e a Floresta palestram e blasfemam. E o mais desgraçado dos três é a Floresta, porque, enquanto as ondas e as rajadas percorrem terras e costas, ela, agrilhoada ao solo com as raízes das árvores, braceja, grita, esgrime com os galhos furiosos, e não pode fugir, nem viajar... Recebendo a carta de minha mãe, choro, sozinho. Choro, pela delicadeza da sua ideia. E choro, sobretudo, com inveja do meu cajueiro. Por que não tivera eu, também, raízes como ele, para me não afastar nunca, jamais, do quintal em que havíamos crescido juntos, da terra em que eu, ignorando que o era, havia sido feliz?"

Humberto de Campos

52. Divida o texto em suas três partes bem distintas: preâmbulo, ação e desfecho.

53. O preâmbulo, embora pequeno, já anuncia o tempo, o espaço e o personagem. Qual o tempo? Qual o espaço? Qual o personagem?

54. Dividamos a ação em cinco partes assim compreendidas:
a) o garoto encontra a castanha de caju;
b) comunica o achado à sua mãe;
c) o plantio e os cuidados com a pequena árvore;
d) o crescimento de ambos: autor e árvore;
e) a separação.

55. No desfecho, explique com suas palavras o que dizem os versos de Kipling.

56. Ainda no desfecho, explique com suas palavras a vontade do autor.

57. Qual o paradoxo entre os versos de Kipling e a vontade do autor?

58. Predomina no texto a narração. Porém, há nele a descrição. Destaque.

59. O assunto de um texto de qualquer autor pode ser captado pelo resumo que se faz dele. O assunto é um "texto reduzido", desde que nele apareçam os aspectos mais Importantes. Qual o assunto do texto de Humberto de Campos?

60. Tema é a redução do assunto aos seus elementos essenciais. No tema sobrevivem as noções ou conceitos gerais do texto. Tema é a razão última da mensagem. Qual o tema desta narração?

61. Escreva uma narração. Imite o autor. Ele soube explorar o binômio: eu/cajueiro. Faça-o você agora, por exemplo: eu/tênis; ou eu/livro; ou eu/moto.

Texto para os exercícios de **62** a **71**.

Tragédia brasileira

"Misael, funcionário da Fazenda, com 63 anos de idade.
Conheceu Maria Elvira na Lapa - prostituída, com sífilis, dermite nos dedos, uma aliança empenhada e os dentes em petição de miséria.
Misael tirou Maria Elvira da vida, instalou-a num sobrado no Estácio, pagou médico, dentista, manicura... Dava tudo quanto ela queria.

Quando Maria Elvira se apanhou de boca bonita, arranjou logo um namorado.
Misael não queria escândalo. Podia dar uma surra, um tiro, uma facada. Não fez nada disso: mudou de casa.
Viveram três anos assim.
Toda vez que Maria Elvira arranjava namorado, Misael mudava de casa.
Os amantes moraram no Estácio, Rocha, Catete, Rua General Pedra, Olaria, Ramos, Bonsucesso, Vila Isabel, Rua Marquês de Sapucaí, Niterói, Encantado, Rua Clapp, outra vez no Estácio, Todos os Santos, Catumbi, Lavradio, Boca do Mato, Inválidos...
Por fim na Rua da Constituição, onde Misael, privado de sentidos e de inteligência, matou-a com seis tiros, e a policia foi encontrá-la caída em decúbito dorsal, vestida de organdi azul."
Manuel Bandeira

62. Divida a narração em suas três partes: preâmbulo, ação e desfecho.

63. Quais as Informações que o autor nos dá de pronto no preâmbulo?

64. Dividamos a ação assim:
a) o encontro dos amantes;
b) a vida em comum;
c) a traição.

65. Ainda na ação, o que o autor nos quer comunicar com tanta mudança?

66. A tragédia ocorre na Rua da Constituição. Qual o paradoxo?

67. Qual o tempo verbal que predomina no texto?

68. Esse tempo verbal predominante se harmoniza com a narração?

69. O texto é narrativo. Destaque, porém, elementos descritivos.

70. Transforme o texto de Bandeira em notícia jornalística.

71. Imite o autor: narre uma tragédia de uma cidade grande.

Texto para os exercícios de **72** a **81**.

O bacharel e o juiz
Uma hora havia já que o bacharel
Na sala das testemunhas
Sua vez esperava p'ra depor,
No processo em que o Leonel,
Um tipo conhecido como unhas
De fome, um miserável, um horror
De sovinice era o réu.
Chegara, finalmente, a sua vez.

Na sala de audiência apareceu
O bacharel e fez
Uma mesura a todos, respeitoso.

Perguntou-lhe o juiz com gravidade:
- Seu nome? - José Trancoso
Meneses da Soledade,
Um seu humilde criado...
- A sua profissão, queira dizer...
- Eu sou, senhor, um bacharel formado...
- Em paz já vou delxá-Io: sabe ler?
Brás Patife

72. Divida o texto narrativo em suas três partes distintas: preâmbulo, ação e desfecho.

73. No preâmbulo, fale do tempo.

74. No preâmbulo, fale do ambiente.

75. No preâmbulo, fale dos personagens.

76. Vamos estabelecer alguns limites no texto:
a) a espera;
b) o Ingresso do bacharel no tribunal;
c) o diálogo com o juiz;
d) o final surpreendente.

77. Passe os diálogos todos para o discurso indireto.

78. Reescreva o texto como se fosse notícia jornalística.

79. Invente uma resposta do bacharel ao juiz.

80. Predomina no texto a narração. Identifique, porém, elementos descritivos.

81. Crie uma história parecida com o título: O político e o comerciante.

Texto para os exercícios de **82** a **91**.

Mulheres! Mulheres!
Dois amigos desde as fraldas,
Crispiniano e Crispim,
viram-se após longa ausência
e palestraram assim:

- Como vão os teus amores?
Que é feito de Sinhá Doce?
- Aquela de olhos de gata?
- Sim. - Pois não sabes? Casou-se.

- Infiel! E o que me dizes
da Mariquinhas Bem-Bem?
- Oh!Traiu-me negramente.
- Então... - Casou-se também.

- Mas a Júlia... essa não creio...
- Pois casou-se, é o que te digo.
E foi a pior de todas,
porque casou-se comigo.
Lúcio de Mendonça

82. No preâmbulo, fale dos personagens.

83. No preâmbulo, fale do tempo.

84. Na ação, fale de ambas as mulheres.

85. Na ação, por que ambas as mulheres são traidoras?

86. No desfecho, fale de Júlia.

87. **Resolva o paradoxo:** "Sinhá Doce e Mariquinhas Bem-Bem são traidoras, porque não se casaram com o personagem. Júlia é traidora, porque se casou".

88. **Copie as duas últimas estrofes**, colocando os personagens antes dos diálogos, assim:
    Crispiniano - Como vão os teus amores? Que é feito de Sinhá Doce?

Crispin - Aquela de olhos de gata?
Crispiniano - Sim.
Crispin - Pois não sabes? Casou-se.

89. Transforme o discurso direto do exemplo acima em indireto.

90. Após a leitura atenta do texto, você considera que os pontos de exclamação no título conferem aos substantivos uma carga de reprovação? Por quê?

91. Faça uma narração com um final humorístico: Um casamento.

Texto para os exercícios de **92** a **101**.

O almocreve

"Vai então, empacou o jumento em que eu vinha montado; fustiguei-o, ele deu dois corcovos, depois mais três, enfim mais um, que me sacudiu fora da sela, com tal desastre que o pé esquerdo me ficou preso no estribo; tento agarrar-me ao ventre do animal mas já então, espantado, disparou pela estrada fora. Digo mal: tentou disparar, e efetivamente deu dois saltos mas um almocreve, que ali estava, acudiu a tempo de lhe pegar na rédea e detê-lo, não sem esforço nem perigo. Dominado o bruto, desvencilhei-me do estribo e pus-me de pé.
- Olhe do que vosmecê escapou - disse o almocreve.
E era verdade; se o jumento corre por ali fora, contundia-me deveras, e não sei se a morte não estaria no fim do desastre; cabeça partida, uma congestão, qualquer transtorno cá dentro, lá se me ia a ciência em flor. O almocreve salvara-me talvez a vida; era positivo; eu sentia-o no sangue que me agitava o coração. Bom almocreve! enquanto eu tornava à consciência de mim mesmo, ele cuidava de consertar os arreios do jumento, com muito zelo e arte. Resolvi dar-lhe três moedas de ouro das cinco que trazia comigo; não porque tal fosse o preço da minha vida - essa era inestimável; mas porque era uma recompensa digna da dedicação com que ele me salvou. Está dito, dou-lhe as três moedas.

- Pronto - disse ele, apresentando-me a rédea da cavalgadura.
- Daqui a nada - respondi -; deixa-me, que ainda não estou em mim...
- Ora qual!
- Pois não é certo que ia morrendo?
- Se o jumento corre por aí fora, é possível; mas, com a ajuda do Senhor, viu vosmecê que não aconteceu nada.

Fui aos alforjes, tirei um colete velho, em cujo bolso trazia as cinco moedas de ouro, e durante esse tempo cogitei se não era excessiva a gratificação, se não bastavam duas moedas. Talvez uma. Com efeito, uma moeda era bastante para lhe dar estremeções de alegria. Examinei-lhe a roupa; era um pobre diabo, que nunca jamais vira uma moeda de ouro. Portanto, uma moeda. Tirei-a, vi-a reluzir à luz do sol; não a viu o almocreve, porque eu tinha-lhe voltado as costas; mas suspeitou-o talvez, entrou a falar ao jumento de um modo significativo; dava-lhe conselhos, dizia-lhe que tomasse juízo, que o "senhor doutor" podia castigá-lo; um monólogo paternal. Valha-me Deus! até ouvi estalar um beijo; era o almocreve que lhe beijava a testa.
- Olé! - exclamei.
-Queira vosmecê perdoar, mas o diabo do bicho está a olhar para a gente com tanta graça...

Ri-me, hesitei, meti-lhe na mão 1 cruzado de prata, cavalguei o jumento, e segui a trote largo um pouco vexado, melhor direi um pouco incerto do efeito da pratinha. Mas, a algumas braças de distância, olhei para trás, o almocreve fazia-me grandes cortesias, com evidentes mostras de contentamento. Adverti que devia ser assim mesmo; eu pagara-lhe bem, pagara-lhe talvez demais. Meti os dedos no bolso do colete que trazia no corpo e senti umas moedas de cobre; eram os vinténs que eu devera ter dado ao almocreve, em lugar do cruzado de prata. Porque, enfim, ele não levou em mira nenhuma recompensa ou virtude, cedeu a um impulso natural, ao temperamento, aos hábitos do ofício; acresce que a circunstância de estar não mais adiante nem mais atrás, mas justamente no ponto do desastre, parecia constituí-lo simples instrumento da Providência; e, de um ou de outro modo, o mérito do ato era positivamente nenhum. Fiquei desconsolado com esta reflexão,

chamei-me pródigo, lancei o cruzado à conta das minhas dissipações antigas; tive (por que não direi tudo?), tive remorsos."
Machado de Assis

92. Pesquise no dicionário; almocreve, corcovo, vexado, pródigo, dissipação.

93. A narração faz perceber o ambiente em que se desenrola a ação. Fale duas linhas do ambiente.

94. A narração faz também perceber o grau de instrução do almocreve. Fale duas linhas dele.

95. Em termos de tempo, desmonte a narração em três momentos principais.

96. "Meti-lhe na mão 1 cruzado". A obra foi publicada em 1881; o cruzado foi instituído pelo Presidente Sarney em 28 de fevereiro de 1986. Como você concilia ambos os casos?

97. A visão que o autor tem dos homens (visão esta revelada na narração) é otimista ou pessimista? Por quê?

98. "Tive (por que não direi tudo?), tive remorsos". Remorsos de quê?

99. Qual das afirmações filosóficas se aproxima das ideias expressas por Machado de Assis nessa narração?
a) "O homem nasce bom; a sociedade o corrompe", (Rousseau)
b) "O homem é um ser pensante", (Pascal)
c) "O homem é lobo do homem", (Hobbes)
d) "O verdadeiro homem não trabalha senão para morrer", (Platão)

100. Justifique por que optou ou não pela alternativa c.

101. Narração: Faça uma narração onde você defende ideias opostas às do autor.

102. Narre uma pequena história que lhe seja sugerida pela sequência de desenhos abaixo.

3
Dissertação

Leia com atenção o texto de Monteiro Lobato:

A língua brasileira
Assim como o português saiu do latim, pela corrupção desta língua, o brasileiro está saindo do português. O processo formador é o mesmo: corrupção da língua mãe. A cândida ingenuidade dos gramáticos chama corromper ao que os biologistas chamam evoluir.
Aceitemos o labéu, e corrompamos de cabeça erguida o idioma luso, na certeza de estarmos a elaborar obra magnífica.
Novo ambiente, nova gente, novas coisas, novas necessidades de expressão: nova língua.
É risível o esforço do carranca, curto de ideias e incompreensivo que debatera contra esse fenômeno natural, e tenta paralisar a nossa elaboração linguística em nome dum respeito supersticioso pelos velhos tabus portugueses... que corromperam o latim.
A nova língua, filha da lusa, nasceu no dia em que Cabral aportou ao Brasil.
Não há documentos, mas é provável que o primeiro brasileirismo surgisse exatamente no dia 22 de abril de 1500. E, desde então, não se passou dia sem que a língua do reino não fosse na Colônia infiltrada de vocábulos novos, de formação local, ou modificada na significação dos antigos.

O texto é uma dissertação. O autor quer nos convencer de que, assim como a língua portuguesa adveio do latim, a língua brasileira advirá do português pelo mesmo processo: evolução. Lobato conclama a que devamos corromper a língua, apesar de alguns "curtos de ideia" procurarem dificultar o que é fatal: o evolucionismo linguístico.
A dissertação procura convencer; faz parte do gênero didático. Traz luz a um determinado assunto, oferece argumentos, expõe ideias, emite opiniões.

As dissertações costumam possuir três partes bem distintas:
1. posição ideológica;
2. prova da verdade, inclusive refutando opiniões contrárias;
3. conclusão.

Na *posição ideológica*, o autor deve expor a ideia principal a ser desenvolvida. É o que faz Lobato logo no início, quando afirma que o brasileiro sairá do português pelo processo de evolução linguística:

Assim como o português saiu do latim, pela corrupção desta língua, o brasileiro está saindo do português. O processo formador é o mesmo: corrupção da língua mãe. A cândida ingenuidade dos gramáticos chama corromper ao que os biologistas chamam evoluir.

Na *prova da verdade*, o autor procurará, com clareza, coerência e objetividade, demonstrar que está com a razão. Prevalecem aqui o raciocínio, os fatos, o exame crítico, tudo para levar o leitor a se convencer de que o autor tem razão.

Quais os argumentos de Lobato?

a) O autor aceita a nota infamante de corruptor da língua mãe e instiga a todos na construção de uma obra magnífica:
Aceitemos o labéu, e corrompamos de cabeça erguida o idioma luso, na certeza de estarmos a elaborar obra magnífica.

b) Nada mais lógico: onde tudo é novo, a língua também o será:
Novo ambiente, nova gente, novas coisas, novas necessidades de expressão: nova língua.

c) É ridículo e sem fruto o esforço dos que, apegados ao passado, tentam dificultar um fenômeno natural:
É risível o esforço do carrança, curto de ideias e incompreensivo que debatera contra esse fenômeno natural, e tenta paralisar a nossa elaboração linguística em nome dum respeito supersticioso pelos velhos tabus portugueses...

d) Os portugueses também corromperam o latim:
... velhos tabus portugueses... que corromperam o latim.

e) A língua brasileira nasceu com o descobrimento do Brasil:
A nova língua, filha da lusa, nasceu no dia em que Cabral aportou ao Brasil.

Não há documentos, mas é provável que o primeiro brasileirismo surgisse exatamente no dia 22 de abril de 1500.

Na *conclusão* o autor julga que consegue convencer quem o lê, e o leitor deve estar satisfeito com as argumentações apresentadas, podendo, inclusive, comungar com as ideias do autor:

E (portanto), desde então, não se passou dia sem que a língua do reino não fosse na Colônia infiltrada de vocábulos novos, de formação local, ou modificada na significação dos antigos.

Lobato elaborou uma dissertação: expôs uma ideia, usou de cinco argumentos e com eles chegou à conclusão.

É importante prevenir que o leitor não deve ser passivo, aceitando tudo que se afirma. Pelo contrário, deve ter juízo crítico, julgar com atenção o que lê, contra-argumentar:

Estaria a língua subordinada às leis da evolução?

Um ambiente novo corrompe necessariamente uma língua?

As condições históricas do latim na Península Ibérica foram as mesmas do português na América?

O jornal, o rádio, a televisão não estariam hoje dificultando os ideais de Lobato?

As novelas brasileiras recentemente levadas ao povo lusitano não estariam antes aproximando que separando ambas as línguas?

Dessas teses e antíteses só pode emergir a verdade.

Sem dúvida, o corpo de uma dissertação é a prova da verdade; nela o autor desenvolve a argumentação para convencer o leitor. A posição ideológica apenas anuncia a proposta; a conclusão retoma o que se disse na introdução, de uma forma muito mais convincente, uma vez que já foi fundamentado, discutido, analisado e comprovado.

Porém é na argumentação que o autor demonstra grandiosidade, não importando o processo usado para convencer, às vezes confrontando, comparando, definindo; outras vezes citando autores, buscando fatos históricos, trazendo dados estatísticos ou ainda exemplificando, como faz Peter Berger em *Perspectivas Sociológicas*:

Em termos muito simples, "má fé" consiste em simular que alguma coisa é necessária, quando na verdade é voluntária. Assim, a "má fé"

constitui uma fuga da liberdade, uma desonesta evasão à "agonia da opção". A "má fé" se manifesta em inumeráveis situações humanas, desde as mais corriqueiras até as mais catastróficas. A mulher que permite que seu corpo seja seduzido passo a passo, enquanto continua a manter uma conversa inocente, age de "má fé", na medida em que simula que o que está acontecendo a seu corpo não está sob seu controle. O terrorista que mata e se desculpa, dizendo que não tinha alternativa porque o partido lhe ordenou que matasse, age de "má fé", porque finge que sua existência está necessariamente ligada ao partido, quando de fato essa ligação é a consequência de sua própria opção. Cada papel traz consigo a possibilidade de "má fé". Todo homem que diz "Não tenho alternativa", referindo-se àquilo que seu papel social exige dele, age de "má fé". Ora, podemos imaginar facilmente circunstâncias em que tal confissão será verdadeira na medida em que não há alternativa *dentro daquele determinado papel*. Entretanto, o indivíduo tem a alternativa de deixar o papel. Realmente, em certas circunstâncias o homem de negócios "não tem alternativa" senão destruir brutalmente um competidor, a menos que se conforme em falir ele próprio, mas é ele quem prefere a brutalidade à falência. É verdade que um homem "não tem alternativa" senão abandonar uma ligação homossexual para conservar sua posição na sociedade respeitável, mas é ele quem está fazendo a opção entre a respeitabilidade e a lealdade àquela ligação. É verdade que em certos casos um juiz "não tem alternativa" senão condenar um homem à morte, mas ao fazê-lo ele escolhe continuar como juiz, uma ocupação que escolheu sabendo que poderia levar a isto, e prefere não se demitir ao enfrentar a ocasião desse dever. Os homens são responsáveis por suas ações. Agem de "má fé" quando atribuem a uma necessidade férrea aquilo que eles próprios estão decidindo fazer.
Posição ideológica: "Má fé consiste em simular que alguma coisa é necessária, quando na verdade é voluntária".
Prova da verdade, exemplificando:
a) a mulher sedutora;
b) o terrorista assassino;

c) todo aquele que diz: "Não tenho alternativa";
d) o homem de negócios;
e) o homem respeitável;
f) o juiz condenador.

Conclusão: "Os homens são responsáveis por suas ações. Agem de 'má fé' quando atribuem a uma necessidade férrea aquilo que eles próprios estão decidindo fazer".

Exercícios

Para os exercícios de **103** a **115** leia com cuidado o texto de Bertrand Russel, extraído de *Princípios da Reconstrução Social*.

"Os homens temem o pensamento mais do que qualquer outra coisa sobre a Terra - mais que a ruína, mais do que a própria morte. O pensamento é subversivo e revolucionário, destrutivo e terrível; o pensamento é impiedoso com o privilégio, com as instituições estabelecidas e os hábitos cômodos; o pensamento é anárquico e sem lei, indiferente à autoridade, displicente com a comprovada sabedoria dos séculos. O pensamento olha para as profundezas do inferno e não se amedronta. Vê o homem, frágil ponto cercado de insondáveis abismos de silêncio, e ainda assim sustenta-se orgulhosamente, tão impassível como se fosse senhor do universo. O pensamento é grandioso, ágil e livre, a luz do mundo e a principal glória do homem.

Mas se pretendemos que o pensamento se torne propriedade de muitos, e não privilégio de poucos, precisamos eliminar o medo. É o medo que detém os homens - medo de que suas crenças acalentadas se revelem desilusões, medo de que as instituições por que pautam suas vidas se revelem danosas, medo de que eles próprios se revelem menos dignos de respeito do que supunham ser. "Deve o trabalhador pensar livremente sobre a propriedade? Então, que acontecerá a nós, os ricos? Devem os homens e mulheres jovens pensar livremente sobre o sexo? Então, o que será da moralidade? Devem os soldados pensar livremente sobre a guerra? Então, que será da disciplina militar? Fora com o pensamento! Vol-

temos à obscuridade do preconceito, para que a propriedade, a moral e a guerra não fiquem em perigo! É melhor que os homens sejam parvos, preguiçosos e oprimidos do que sejam livres seus pensamentos. Pois, se seus pensamentos fossem livres, eles poderiam não pensar como nós. E essa desgraça deve ser evitada a qualquer preço". Assim argumentam os opositores do pensamento nas profundezas de suas almas. E assim agem em suas igrejas, suas escolas e suas universidades."

103. O primeiro período constitui a introdução, a posição ideológica que o autor vai pretender desenvolver: "Os homens temem o pensamento..." Que homens são esses?

104. "O pensamento é subversivo". O que é ser subversivo?

105. "O pensamento é revolucionário". O que é ser revolucionário?

106. "O pensamento é impiedoso com o privilégio". Privilégio de quê?

107. "Instituições estabelecidas e hábitos cômodos...". Exemplifique algumas dessas instituições e comodidades.

108. Se está comprovada a sabedoria dos séculos, por que o autor julga que o pensamento é displicente com ela?

109. "O medo detém os homens". Por quê?

110. Se o trabalhador pensar livremente, qual a consequência?

111. Em relação à moralidade, qual a consequência se homens e mulheres pensarem livremente?

112. Por que a guerra necessita da disciplina militar?

113. Por que o autor colocou entre aspas um trecho de sua dissertação?

114. "E assim agem em suas igrejas... ". Assim como?

115. Dissertação: Comente essa proposição: "O filósofo desobedece aos chavões e à opinião pública, porque obedece à razão e à humanidade".

O texto para os exercícios de **116** a **127** foi extraído de *Pensamento Político* e *Últimas Conclusões*, de Albert Einstein.

"Deve predominar o ensino da linguagem ou a educação técnica em Ciência?
A isso respondo: em minha opinião tudo isso é de importância secundária. Se um jovem treinou seus músculos e sua resistência física pela ginástica e pelas caminhadas, mais tarde ele estará apto a qualquer tipo de trabalho físico. Isto também é análogo no treinamento da mente e no exercício da habilidade mental e manual. Assim, não estava errado o sábio que definiu a educação do seguinte modo: "A educação é o que sobra quando se esqueceu tudo o que se aprendeu na escola". Por esta razão não tenho nenhum desejo de tomar partido na luta entre os seguidores da educação clássica filológico-histórica e os da educação mais dedicada às Ciências Naturais.
Por outro lado, quero opor-me à ideia de que a escola tem de ensinar diretamente o tipo especial de conhecimento e as técnicas que uma pessoa tenha que utilizar mais tarde diretamente em sua vida. As exigências da vida são demasiado múltiplas para permitir que uma preparação tão especializada seja possível na escola. Além disso, parece-me também digno de objeção tratar o indivíduo como uma ferramenta morta. A escola deveria sempre ter como alvo que o jovem saísse dela como uma personalidade harmoniosa, não como um especialista. Isso na minha opinião se aplica até certo ponto às escolas técnicas, cujos alunos se dedicarão a uma profissão bem definida. O desenvolvimento

da capacidade geral de pensamento e julgamento independentes sempre deveria ser colocado em primeiro lugar, e não a aquisição de conhecimento especializado. Se uma pessoa domina o fundamental no seu campo de estudo e aprendeu a pensar e a trabalhar independentemente, ela certamente encontrará o seu caminho e, além do mais, será mais capaz de adaptar-se ao progresso e às mudanças do que a pessoa cujo treinamento consiste principalmente na aquisição de conhecimento detalhado."

116. Desenvolva a comparação feita pelo autor: "Quem se prepara fisicamente está apto a qualquer tarefa física; isto é válido para o treinamento da mente".

117. "A educação é o que sobra, quando se esqueceu tudo o que se aprendeu na escola". O sábio citado concorda com o autor, segundo o qual quem se prepara fisicamente está apto a qualquer tarefa física?

118. "A educação é o que sobra...". O que lhe sobrou da educação do primeiro grau?

119. "A educação é o que sobra...". E os dados retidos pela memória no dia da prova e já esquecidos, valeram a pena?

120. Continue o pensamento do autor: Não quero tomar partido entre as Ciências Humanas e as Exatas, porque o importante é...

121. Continue o pensamento do autor: A escola não deve especializar, porque...

122. Por que a especialização faz de um ser ferramenta morta?

123. "O conhecimento humanístico deveria ser ensinado até nas escolas técnicas". É esse o pensamento do autor? Por quê?

124. Comente em cinco linhas esta asserção: "A escola deveria sempre ter como alvo que o jovem saísse dela como uma personalidade harmoniosa, não como um especialista".

125. Nesse trecho, o que o autor pretendeu demonstrar?

126. Afinal, segundo o autor, deve predominar nas escolas o ensino da linguagem ou a educação técnica em Ciência?

127. Dissertação: Comente a seguinte opinião de Einstein: "Para mim a pior coisa parece ser quando uma escola trabalha primordialmente com métodos que utilizam o medo, a força e a autoridade artificial".

Para os exercícios de **128** a **137**, leia com atenção o texto de Padre Vieira que, de propósito, aparece sem a conclusão.

Ladrões

"O ladrão que furta para comer, não vai nem leva ao inferno: os que não só vão, mas levam, de que eu trato, são os ladrões de maior calibre e de mais alta esfera, os quais debaixo do mesmo nome e do mesmo predicamento distingue muito bem S. Basílio Magno... Não são só ladrões, diz o Santo, os que cortam bolsas, ou espreitam os que se vão banhar, para lhes colher a roupa; os ladrões que mais própria e dignamente merecem este título, são aqueles a quem os reis encomendam os exércitos e legiões, ou o governo das províncias, ou a administração das cidades, os quais já com manha, já com força, roubam e despojam os povos.
Os outros ladrões roubam um homem, estes roubam cidades e reinos: os outros furtam debaixo do seu risco, estes sem temor, nem perigo: os outros, se furtam, são enforcados, estes furtam e enforcam. Diógenes, que tudo via com mais aguda vista que os outros homens, viu que uma grande tropa de varas e ministros de justiça levavam a enforcar uns ladrões, e começou a bradar: Lá vão os ladrões grandes enforcar os pequenos. Ditosa Grécia, que tinha tal pregador! E mais ditosas as outras

nações, se nelas não padecera a justiça as mesmas afrontas. Quantas vezes se viu em Roma ir a enforcar um ladrão por ter furtado um carneiro, e no mesmo dia ser levado, em triunfo, um cônsul, ou ditador por ter roubado uma província! E quantos ladrões teriam enforcado estes mesmos ladrões triunfantes? De um chamado Seronato disse com discreta contraposição Sidónio Apolinar... Seronato está sempre ocupado em duas coisas: em castigar furtos, e em os fazer. Isto não era zelo de justiça, senão inveja. Queria tirar os ladrões do mundo, para roubar ele só."

128. A posição ideológica vai de "O ladrão que furta..." até "S. Basílio Magno". Exponha com suas palavras qual a ideia central, contida na introdução, que o autor deseja desenvolver.

129. O autor cita S. Basílio Magno para reforçar suas ideias. Com suas palavras, o que pensa S. Basílio Magno?

130. Com suas palavras, qual a ideia de Diógenes?

131. De que maneira os atos dos cônsules e ditadores romanos comprovam as ideias do autor?

132. Seronato e Sidónio Apolinar. Qual deles pensa como o autor? Por quê?

133. Como se vê, no texto de Padre Vieira não aparece a conclusão. Conclua você.

134. Pesquise: que escola filosófica Diógenes fundou?

135. Leia com atenção a fala de Diógenes: "Lá vão os ladrões grandes enforcar os pequenos". Em que sua fala se harmoniza com a escola que fundou?

136. Para Vieira, há dois tipos de ladrões:
a) o ladrão que furta para comer;
b) o ladrão que despoja os povos.

Identifique com a alternativa a ou b de que ladrão se fala em cada uma das sentenças a seguir:
Não vai ao inferno -
Não leva ao inferno –
Vai ao inferno -
Leva ao inferno -
Colhe a roupa dos que nadam -
Rouba um homem -
Rouba cidades e reinos –
É enforcado -
Enforca -
Rouba um carneiro -
Rouba uma província -
Quer tirar os ladrões do mundo, para roubar ele só -

137. Dissertação: O mentiroso. Imite o autor. Fale sobre dois tipos de mentirosos: um que engana apenas um homem; o outro que engana os povos e as nações.

Texto para os exercícios de **138** a **152**

Profetas e Padres

"Pode-se dizer sem exagero que nunca o conhecimento das grandes ideias produzidas pela raça humana esteve tão difundido pelo mundo quanto hoje. E que nunca essas ideias foram menos eficazes do que são hoje. As ideias de Platão e de Aristóteles, dos profetas e de Cristo, de Spinoza e de Kant são familiares a milhões de pessoas das classes instruídas da Europa e da América. São ensinadas em milhares de instituições de ensino superior, e algumas delas são pregadas por toda parte, em igrejas de todos os credos. Como se pode explicar essa discrepância?

As ideias não influenciam o homem profundamente quando são apenas ensinadas como ideias e pensamentos. O simples travar conhecimento com outras ideias não é o bastante, embora essas ideias, em si mesmas, sejam corretas e poderosas. Mas as ideias só têm, realmente, um efeito sobre o homem quando são vividas por aquele e as ensina, quando são personificadas pelo professor, quando a ideia aparece encarnada. Se um homem expressa a ideia de humildade e é humilde, aqueles que o escutam compreenderão o que é a humildade. Não apenas compreenderão, como também acreditarão que ele está falando de uma realidade e não apenas proferindo palavras.

Àqueles que anunciam Ideias - não necessariamente novas - e ao mesmo tempo as vivem podemos chamar profetas. Os profetas do Velho Testamento faziam precisamente isso: anunciavam a ideia de que o homem tinha que encontrar uma resposta para sua existência e de que essa resposta era o desenvolvimento de sua razão e de seu amor. E ensinavam que a humildade e a justiça estavam inseparavelmente ligadas ao amor e à razão. Eles viviam o que pregavam.

Muitas nações tiveram profetas. Buda viveu seus ensinamentos; Cristo apareceu em carne e osso; Sócrates morreu segundo suas ideias; Spinoza viveu-as. E todos deixaram uma impressão profunda na raça humana, precisamente porque suas ideias se manifestaram na carne de cada um deles.

Os profetas só aparecem a intervalos na história da humanidade. Morrem e deixam sua mensagem. A mensagem é aceita por milhões de pessoas e se torna cara para elas. Essa é exatamente a razão por que a ideia se torna explorável por outros, que podem servir-se do apego das pessoas a essas ideias para seus próprios fins - os de dominar e controlar. Chamemos padres a esses homens que se servem das Ideias anunciadas pelos profetas. Os profetas vivem suas ideias. Os padres as ministram às pessoas que lhes têm apego. As ideias perdem sua vitalidade. Transformam-se em fórmulas. Os padres declaram ser muito importante a maneira como uma ideia é formulada; naturalmente, a formulação sempre se torna importante depois que a experiência está morta.

Não existem padres apenas na religião. Existem padres na filosofia e

padres na política. Toda escola filosófica tem seus padres. Com frequência, eles são multo instruídos; é sua função ministrar a ideia do pensador original, comunicá-la, interpretá-la, transformá-la num objeto de museu e, dessa forma, guardá-la. E há também os padres políticos; temos visto um número suficiente deles nos últimos 150 anos. Eles apregoaram a ideia da liberdade para proteger os interesses econômicos de sua classe social. Nessa situação, a humanidade precisa de profetas, embora seja duvidoso que suas vozes preponderem sobre as dos padres."
Erich Fromm - "Profetas e Padres"

138. Qual a ideia principal que o autor nos tenta demonstrar?

139. Copie do texto um trecho que encerre a ideia principal.

140. Resuma em algumas linhas, após consultas, as ideias de Platão, Aristóteles, Cristo, Spinoza e Kant.

141. Explique o paradoxo: as ideias são difundidas e nunca foram tão ineficazes.

142. Para o autor, que são profetas?

143. Para o autor, o conceito de profeta é necessariamente religioso?

144. Resuma em algumas linhas, após consultas, as ideias de Buda e Sócrates.

145. Para o autor, que são padres?

146. Para o autor, o conceito de padre é necessariamente religioso?

147. Quem são os padres da política?

148. Quem são os padres da filosofia?

149. Segundo o autor, por que a humanidade precisa de profetas?

150. Bertrand Russell, durante muitas décadas, expressou em seus livros suas ideias sobre a racionalidade e o humanismo. Saía às ruas para mostrar a todos os homens que, quando as leis do país contrariam as leis da humanidade, o verdadeiro homem deve escolher as leis da humanidade. (Comente em cinco linhas essa asserção.) Russell foi profeta? Foi padre? Por quê?

151. Identifique você mesmo o nome de um profeta. Justifique a escolha.

152. Dissertação: O verdadeiro profeta não deseja ser profeta; na verdade apenas os falsos profetas têm a ambição de se tornarem profetas.

153. Analise com cuidado a foto deste exercício. Faça uma afirmação a partir dela. Em torno dessa afirmação, escreva uma dissertação.

4
Discurso direto e indireto

Geralmente na prosa e no gênero narrativo, o autor pode transmitir textualmente a fala dos personagens ou comunicar com suas próprias palavras os pensamentos deles. O primeiro é o discurso direto; o segundo, indireto. Leia com atenção:

Conversinha mineira
"- É bom mesmo o cafezinho daqui, meu amigo?
- Sei dizer não senhor; não tomo café.
- Você é o dono do café, não sabe dizer?
- Ninguém tem reclamado dele não senhor.
- Então me dá café com leite, pão e manteiga.
- Café com leite só se for sem leite.
- Não tem leite?
- Hoje, não senhor.
- Por que hoje não?
- Porque hoje o leiteiro não veio.
- Ontem ele veio?
- Ontem não.
- Quando é que ele vem?
- Não tem dia certo não senhor. Às vezes vem, às vezes não vem. Só que no dia que devia vir, não vem.
- Mas ali fora está escrito "Leiteria"!
- Ah, isto está, sim senhor.
- Quando é que tem leite?
- Quando o leiteiro vem.
- Tem ali um sujeito comendo coalhada. É feita de quê?
- O quê: coalhada? Então o senhor não sabe de que é que é feita a coalhada?
- Está bem, você ganhou: me traz um café com leite sem leite. Escuta uma coisa: como é que vai indo a política aqui na sua cidade?

- Sei dizer não senhor: eu não sou daqui.
- E há quanto tempo o senhor mora aqui?
- Vai para uns quinze anos. Isto é, não posso garantir com certeza: um pouco mais, um pouco menos.
- Já dava para saber como vai indo a situação, não acha?
- Ah, o senhor fala da situação? Dizem que vai bem.
- Para que partido?
- Para todos os partidos, parece.
- Eu gostaria de saber quem é que vai ganhar a eleição aqui.
- Eu também gostaria. Uns falam que é um, outros falam que é outro. Nessa mexida...
- E o prefeito? Que tal é o prefeito?
- O prefeito? É tal e qual eles falam dele.
- Que é que falam dele?
- Dele? Uai, esse trem todo que falam de tudo quanto é prefeito.
- Você, certamente, já tem candidato.
- Quem, eu? Estou esperando as plataformas.
- Mas tem aí o retrato de um candidato pendurado na parede.
- Aonde, ali? Ué, gente: penduraram isso aí..."

Os discursos extraídos de "Conversinha Mineira" são todos *diretos*. O autor põe seus personagens falando, respeitando sua cultura e condição social. Quem fala no texto, não é o autor – Fernando Sabino – mas os personagens – inventados pelo romancista. É de salientar que no discurso direto o autor põe na boca dos personagens palavras de acordo com sua cultura.

Veja também em *Macunaíma* de Mário de Andrade:

"Macunaíma ficou muito contrariado. Ter de trabucar, ele, herói!... Murmurou desolado:
- Ai! que preguiça!...
Resolveu abandonar a empresa, voltando pros pagos de que era imperador. Porém Maanape falou assim:
- Deixa de ser aruá, mano! Por morrer um carangueijo o mangue não

bota luto! que diacho! desanima não que arranjo as coisas!
Quando chegaram em São Paulo, ensacou um pouco do tesouro pra comerem e barganhando o resto na Bolsa apurou perto de oitenta contos de réis. Maanape era feiticeiro. Oitenta contos não valia muito mas o herói refletiu bem e falou pros manos:
- Paciência. A gente se arruma com isso mesmo, quem quer cavalo sem tacha anda de a-pé...
Com esses cobres é que Macunaíma viveu.
E foi numa boca-da-noite fria que os manos toparam com a cidade macota de São Paulo
esparramada a beira-rio do igarapé Tietê. Primeiro foi a gritaria da papagaiada imperial se despedindo do herói. E lá se foi o bando sarapintado volvendo pros matos do norte."

As falas de Macunaíma e Maanape respeitam sua cultura e condição social. O autor é Mário de Andrade mas os personagens são seres vivos que usam da palavra de acordo com o que podem e sabem falar. No discurso *indireto*, o autor apresenta as declarações dos personagens com a experiência e cultura do próprio autor. Aqui, os personagens não falam diretamente, o autor anuncia a sua fala. Observe com atenção os discursos assinalados no conto "Uma Vela para Dario" de Dalton Trevisan. O autor é quem anuncia a fala dos personagens. A fala dos personagens se coaduna com a cultura do autor e não com a dos seres que ele cria.

Uma vela para Dario

"Dario vinha apressado, guarda-chuva no braço esquerdo e, assim que dobrou a esquina, diminuiu o passo até parar, encostando-se à parede de uma casa. Por ela escorregando, sentou-se na calçada, ainda úmida de chuva, e descansou na pedra do cachimbo.
Dois ou três passantes rodearam-no e indagaram se <u>não se sentia bem</u>. Dario abriu a boca, moveu os lábios, não se ouviu resposta. O senhor gordo, de branco, sugeriu <u>que devia sofrer de ataque.</u>
Ele reclinou-se mais um pouco, estendido agora na calçada, e o cachim-

bo tinha apagado. O rapaz de bigode pediu aos outros *que se afastassem e o deixassem respirar*. Abriu-lhe o paletó, o colarinho, a gravata e a cinta. Quando lhe retiraram os sapatos, Dario roncou feio e bolhas de espuma surgiram no canto da boca.
Cada pessoa que chegava erguia-se na ponta dos pés, embora não o pudesse ver. Os moradores da rua conversavam de uma porta à outra, as crianças foram despertadas e de pijama acudiram à janela. O senhor gordo *repetia que Dario sentara-se na calçada, soprando ainda a fumaça do cachimbo e encostando o guarda-chuva na parede*. Mas não se via guarda-chuva ou cachimbo ao seu lado.
 A velhinha de cabeça grisalha gritou *que ele estava morrendo*. Um grupo o arrastou para o táxi da esquina. Já no carro a metade do corpo, protestou o motorista: *quem pagaria a corrida?* Concordaram chamar a ambulância. Dario conduzido de volta e recostado à parede – não tinha os sapatos nem o alfinete de pérola na gravata."

No discurso indireto é constante a presença das conjunções integrantes **que**, **se** que iniciam a oração subordinada substantiva objetiva direta. Podem também funcionar como conectivos os pronomes e advérbios interrogativos *quem, qual, onde, como, quando* etc.
No discurso direto, a fala dos personagens prescinde de qualquer conectivo, havendo apenas entre as orações uma pausa, marcada pela vírgula ou dois pontos, além do travessão.

Discurso indireto	Discurso direto
Dois ou três passantes rodearam e indagaram se não se sentia bem.	Dois ou três passantes rodearam e indagaram: - Você não se sente bem?
O senhor gordo, de branco, sugeriu que devia sofrer de ataque.	O senhor gordo, de branco, sugeriu: - Ele deve sofrer de ataque.
O rapaz de bigode pediu aos outros que se afastassem e o deixassem respirar.	O rapaz de bigode pediu aos outros: - Afastem-se; deixem-no respirar.
O senhor gordo repetia que Dario sentara-se na calçada, soprando ainda a fumaça do cachimbo e encostando o guarda-chuva na parede.	O senhor gordo repetia: - Dario sentou-se na calçada, soprava ainda a fumaça do cachimbo e encostava o guarda-chuva na parede.

Discurso indireto	Discurso direto
A velhinha de cabeça grisalha gritou que ele estava morrendo. Protestou o motorista: quem pagaria a corrida?	A velhinha de cabeça grisalha gritou: - Ele está morrendo. Protestou o motorista: - Quem paga a corrida?

Observe que a fala do interlocutor é precedida, tanto no discurso direto como no indireto, pelos verbos de elocução (verbos dicendi): indagar, sugerir, pedir, repetir, gritar, protestar. Também poderiam ser usados: dizer, afirmar, declarar; perguntar, interrogar; responder, retrucar, replicar; contestar, negar, objetar; exclamar, bradar; solicitar, rogar; exortar, animar, aconselhar, insistir; ordenar, mandar, determinar.

Elegantemente, os autores omitem os verbos de elocução (*verbos dicendi*) nos diálogos curtos entre dois interlocutores, sem o perigo de confundir o leitor, já que a fala de cada personagem é orientada pela abertura de parágrafo e travessão:

Estou para contar que, ao cabo de um tempo não marcado, agarrei-me definitivamente aos cabelos de Capitu, mas então com as mãos, e disse--lhe - para dizer alguma coisa - que era capaz de os pentear, se quisesse.
- Você?
- Eu mesmo.
- Vai embaraçar-me o cabelo todo, isso sim.
- Se embaraçar, você desembaraça depois.
- Vamos ver.
Machado de Assis

Na passagem do discurso direto ao indireto, verifica-se alguma transformação:

1. As formas verbais passam do presente para o imperfeito:

Discurso direto	Discurso indireto
Sabes quem matou Isaura? – perguntou o delegado ao mendigo.	O delegado perguntou ao mendigo se ele sabia quem tinha matado Isaura

2. As formas verbais passam do perfeito ao mais-que-perfeito:

Discurso direto	Discurso indireto
O senhor gordo repetia: - Dario *sentou-se* na calçada.	O senhor gordo repetia que Dario *sentara--se* na calçada.

3. As formas verbais passam do futuro do presente ao futuro do pretérito:

Discurso direto	Discurso indireto
O rapaz respondeu: - *Farei* o que puder.	O rapaz respondeu que *faria* o que pudesse.

4. As formas verbais passam do futuro do subjuntivo para o imperfeito do subjuntivo:

Discurso direto	Discurso indireto
O herói replicou: - Voltarei quando *cessar* a batalha.	O herói replicou que voltaria quando *cessasse* a batalha.

5. As formas verbais passam do imperativo para o imperfeito do subjuntivo:

Discurso direto	Discurso indireto
- *Ponde-vos* em marcha, ordenou o comandante aos soldados.	O comandante ordenou aos soldados que se *pusessem* em marcha.

6. O vocativo passa a objeto indireto ou a sujeito:

Discurso direto	Discurso indireto
O aluno insistiu: - *Professor*, preciso ser aprovado.	O aluno insistiu com o *professor* que precisava ser aprovado.
Para que todos ouvissem o condenado pediu: - *Senhor*, protege meus filhos.	Para que todos ouvissem o condenado pediu que o *senhor* protegesse seus filhos.

7. No discurso indireto não se emprega a 1.ª nem a 2.ª pessoa gramatical, mas só a 3.ª. Na passagem do discurso direto a indireto, substituem-se os pronomes:

eu, tu, nós, vós	por	ele, eles
me, te, nos, vos	por	o, a, os, as, lhe, lhes, se
Meu, teu, nosso, vosso	por	seu (dele ou delas)

Discurso direto	Discurso indireto
O sacerdote respondeu ao inquisidor: - *Eu* não *me* curvo à *tua* vontade.	O sacerdote respondeu ao inquisidor que *ele* não *se* curvava à vontade *dele*.
Replicou o advogado: - *Nós* somos todos iguais perante a lei.	Replicou o advogado que *eles* eram todos iguais perante a lei.
O pai não teve dúvida em afirmar: - *Vós* sois covardes.	O pai não teve dúvida em afirmar que *eles* eram covardes.

8. Substituem-se os pronomes *este, esse* por *aquele:*

Discurso direto	Discurso indireto
Disse Cristo: - *Este* é o meu sangue.	Disse Cristo que *aquele* era o seu sangue.
A esposa respondeu: - *Esse* malandro não merece orações.	A esposa respondeu que *aquele* malandro não merecia orações.

9. Os advérbios sofrem as seguintes transformações:

já	Logo
hoje	Naquele dia
ontem	no dia anterior
agora	Naquele momento
aqui	Ali
aí	Naquele lugar
cá	Lá
daí	Dali

Discurso direto	Discurso indireto
O mendigo informou: - Parto *já*.	O mendigo informou que partia *logo*.
A poetisa disse: - *Hoje* eu quero a rosa mais linda que houver.	A poetisa disse que *naquele dia* ela queria a rosa mais linda que houvesse.
O soldado replicou: - Não houve trégua *ontem*.	O soldado replicou que não houvera trégua no *dia anterior*.
- Pratico agora obra de caridade, insistiu o padre.	O padre insistiu que praticava *naquele momento* obra de caridade.
O velho retrucou: - Quero viver *aqui*.	O velho retrucou que queria viver *ali*.
O soldado ordenou: - Fique *aí*.	O soldado ordenou que ficasse *naquele lugar*.
Ele disse: - *Cá* estou.	Ele disse que estava *lá*.
O juiz exclamou: - Levanta-te *daí*.	O juiz exclamou que se levantasse *dali*.

Discurso indireto livre ou semi-indireto

É o discurso indireto em que se suprime o verbo de elocução *(verbo dicendi)*:

Sabes por que teu pai não te deixou herança? Sabia, porque não era nenhum retardado. (Suprimiu-se a expressão: *respondeu que* ou *disse que*.)

Nesse discurso o pretérito imperfeito desempenha um papel muito importante. Observe que o discurso é misto: a fala do personagem insere-se discretamente no discurso indireto. Na verdade, o autor fala pelos personagens, sem a presença dos verbos de elocução *(verbos dicendi)*.

Leia atentamente um trecho de *Vidas Secas* de Graciliano Ramos:

Os meninos trocavam Impressões cochichando, aflitos com o desaparecimento da cachorra. Puxaram a manga da mãe. <u>Que fim teria levado Baleia?</u> Sinha Vitória levantou o braço num gesto mole e indicou vagamente dois pontos cardeais com o canudo do cachimbo. Os pequenos insistiram. <u>Onde estaria a cachorrinha?</u> Indiferentes à igreja, às lanternas de papel, aos bazares, às mesas de jogo e aos foguetes, só se importavam com as pernas dos transeuntes. <u>Coitadinha, andava por aí perdida aguentando pontapés.</u>

De repente Baleia apareceu. Trepou-se na calçada, mergulhou entre as saias das mulheres, passou por cima de Fabiano e chegou-se aos amigos, manifestando com a língua e com o rabo um vivo contentamento. O menino mais velho agarrou-a. Estava segura. Tentaram explicar-lhe que tinham tido susto enorme por causa dela, mas Baleia não ligou importância à explicação. Achava é que perdiam tempo num lugar esquisito, cheio de odores desconhecidos. Quis latir, expressar oposição a tudo aquilo, mas percebeu que não convenceria ninguém e encolheu-se, baixou a cauda, resignou-se ao capricho dos seus donos.

A opinião dos meninos assemelhava-se à dela. Agora olhavam as lojas, as toldas, a mesa do leilão. E conferenciavam pasmados. Tinham percebido que havia muitas pessoas no mundo. Ocupavam-se em descobrir uma enorme quantidade de objetos. Comunicaram baixinho um ao outro as surpresas que os enchiam. <u>Impossível imaginar tantas maravilhas juntas</u>. O menino mais novo teve uma dúvida e apresentou-a timidamente ao irmão. <u>Seria que aquilo tinha sido feito por gente?</u> O menino mais velho hesitou, espiou as lojas, as toldas iluminadas, as moças bem vestidas. Encolheu os ombros. <u>Talvez aquilo tivesse sido feito por gente</u>. Nova dificuldade chegou-lhe ao espírito, soprou-a no ouvido do irmão. <u>Provavelmente aquelas coisas tinham nomes</u>. O menino mais novo interrogou-o com os olhos. <u>Sim, com certeza as preciosidades que se exibiam nos altares da igreja e nas prateleiras das lojas tinham nomes.</u> Puseram-se a discutir a questão intrincada. <u>Como podiam os homens guardar tantas palavras?</u> Era impossível, ninguém conservaria tão grande soma de conhecimentos. <u>Livres dos nomes, as coisas ficavam distantes, misteriosas. Não tinham sido feitas por gente. E os indivíduos que mexiam nelas cometiam imprudência. Vistas de longe, eram bonitas.</u> Admirados e medrosos, falavam baixo para não desencadear as forças estranhas que elas porventura encerrassem.

Ninguém foi tão mestre como Graciliano Ramos no uso do discurso indireto livre ou semi-indireto. O autor omite os verbos de elocução (verbos dicendi) e de maneira híbrida fala pelos personagens:

Puxaram a manga da mãe. Que fim teria levado Baleia?

A primeira oração é a fala do narrador; a segunda é a fala dos meninos. Mas os meninos do Sertão não têm esse linguajar. O autor fala por eles: "Que fim teria levado Baleia?". Discurso rigorosamente híbrido. No trecho estão grifados os discursos indiretos livres ou semi-indiretos.

Exercícios

Texto para os exercícios **154** e **155**.

Conflito de geração

Filho - Mamãe, me dá aí uma boas pratas prum sanduíche no Bob's?
Mãe - Como, assim? "Me dá umas pratas aí", sem aviso nem nada? Que pratas são essas? Não dou. Chega! Toda hora dinheiro, dinheiro, dinheiro...
Você pensa que eu sou o Ministro da Fazenda? Eu tenho cara de Delfim, tenho? Não dou nada!
Filho - Ué, essa daí quer ter as alegrias da maternidade sem gastar um tostão.
Millôr Fermandes

154. Reescreva o texto, introduzindo os diálogos através de um verbo de elocução (verbo *dicendi*).
155. Reescreva o texto passando o discurso direto a indireto.

Texto para o exercício **156**.

"Vieira vivia para fora, para a cidade, para a corte, para o mundo, e Bernardes para a cela, para si, para o seu coração. Vieira estudava graças a loucainhas de estilo; achava-as, é verdade, tinha boa mão no afeiçoá-las e uma graça no vesti-las como poucos; Bernardes era como estas formosas de seu natural, que se não cansam com alindamentos, a quem tudo fica bem; que brilham mais com uma flor apanhada ao acaso, do que outras com pedrarias de grande custo. Vieira fazia a elo-

quência; a poesia procurava a Bernardes. Em Vieira morava o gênio; em Bernardes o amor, que, em sendo verdadeiro, é também gênio."
Castilho

156. Reescreva o texto no discurso direto. Imagine Vieira conversando com Bernardes. Cada afirmação que Castilho fez sobre eles é como se eles mesmos fizessem de si. Use os verbos de elocução (verbos *dicendi*).

Texto para o exercício **157**.

Vendo um pavão
pela primeira vez em sua vida,
o menininho exclamou entusiasmado:
- Mamãe, olha lá uma galinha em flor.
Millôr Fernandes

157. Reescreva, fazendo indireto o discurso direto.

Texto para os exercícios de **158** a **163**.

Juiz consciencioso
- "Oficiais de justiça!
"façam calar esta gente!"
gritava, em certa audiência,
irritado, o presidente.

"Se continua o barulho,
"fica a sessão encerrada;
"é já a décima causa
"que julgo, sem ouvir nada".
Lacerda Coutinho

158. Identifique no texto o verbo de elocução (verbo *dicendi*).

159. "Façam calar esta gente". Quem fala? A quem fala?

160. Qual a mensagem? Qual o tema?

161. Qual a função da linguagem que predomina naquela fala?

162. Reescreva a primeira quadra passando o discurso direto para indireto.

163. Reescreva a segunda quadra passando o discurso direto para indireto.

Texto para os exercícios de **164** a **180**. Leia ambos os epigramas de Gonçalves de Magalhães:

Doutores

Texto I
- É verdade que da Europa
voltaste feito doutor?
- Parece-te impossível?
É verdade, sim, senhor.
- E por qual Academia?
E qual a ciência, então?
- Isso não sei: o diploma
é escrito em alemão.

Texto II
Vendo um doutor seu doente
quase em termos de morrer,
disse aflito: houve mudança
no remédio ou no comer.
Tal não houve, meu Doutor,
(o doente lhe voltou)
eu se morro é porque fiz
tudo quanto me ordenou.

164. Identifique os verbos de elocução (verbos *dicendi*) do segundo texto.

165. Verifique se há verbo de elocução (verbo *dicendi*) no primeiro texto.

166. No texto I, quem fala?

167. No texto I, a quem fala?

168. No texto II, quem fala?

169. No texto II, a quem fala?

170. Imagine para o primeiro texto quatro verbos de elocução (verbos *dicendi*).

171. Reescreva o primeiro texto, transformando os discursos diretos em indiretos.

Para Monteiro Lobato, "humor é a maneira imprevisível e filosófica de ver as coisas".

172. O que há de imprevisível no primeiro texto?

173. O que há de imprevisível no segundo texto?

174. No primeiro, o autor emite uma opinião filosófica. Qual?

175. No segundo, o autor emite uma opinião filosófica. Qual?

176. Em que termos o segundo epigrama poderia ser a continuação do primeiro?

177. O texto foi escrito na metade do século XIX. No seu entender, permanece ainda a crítica feita aos "doutores diplomados"? Por quê?

178. E a crítica feita aos médicos é válida ainda? Por quê?

179. Consulte o dicionário. O que é epigrama?

180. Redação: Escreva em cinco linhas uma história com final humorístico onde apareçam dois personagens: um professor e seu aluno.

Texto para os exercícios de **181** a **197**.

Lixo

"Encontram-se na área de serviço. Cada um com seu pacote de lixo. É a primeira vez que se falam.
- Bom dia...
- Bom dia.
- A senhora é do 610.
- E o senhor do 612.
- É.
- Eu ainda não lhe conhecia pessoalmente...
- Pois é...
- Desculpe a minha indiscrição, mas tenho visto o seu lixo...
- O meu quê?
- O seu lixo.
- Ah...
- Reparei que nunca é muito. Sua família deve ser pequena...
- Na verdade sou só eu.
- Mmmm. Notei também que o senhor usa muita comida em lata.
- É que eu tenho que fazer minha própria comida. E como não sei cozinhar...
- Entendo.
- A senhora também...
- Me chame de você.
- Você também perdoe a minha indiscrição, mas tenho visto alguns restos de comida em seu lixo. Champignons, coisas assim...
- É que eu gosto muito de cozinhar. Fazer pratos diferentes. Mas como moro sozinha, às vezes sobra...

- A senhora... Você não tem família?
- Tenho, mas não aqui.
- No Espírito Santo.
- Como é que você sabe?
- Vejo uns envelopes no seu lixo. Do Espírito Santo.
- É. Mamãe escreve todas as semanas.
- Ela é professora?
- Isso é incrível! Como foi que você adivinhou?
- Pela letra do envelope. Achei que era letra de professora.
- O senhor não recebe muitas cartas. A julgar pelo seu lixo.
- Pois é...
- No outro dia tinha um envelope de telegrama amassado.
- É.
- Más notícias?
- Meu pai. Morreu.
- Sinto muito.
- Ele já estava bem velhinho. Lá no Sul. Há tempos não nos víamos.
- Foi por isso que você recomeçou a fumar?
- Como é que você sabe?
- De um dia para o outro começaram a aparecer carteiras de cigarro amassadas no seu lixo.
- É verdade. Mas consegui parar outra vez.
- Eu, graças a Deus, nunca fumei.
- Eu sei. Mas tenho visto uns vidrinhos de comprimido no seu lixo...
- Tranquilizantes. Foi uma fase. Já passou.
- Você brigou com o namorado, certo?
- Isso você também descobriu no lixo?
- Primeiro o buquê de flores, com o cartãozinho, jogado fora. Depois, muito lenço de papel.
- É, chorei bastante, mas já passou.
- Mas hoje ainda tem uns lencinhos...
- É que eu estou com um pouco de coriza.
- Ah.
- Vejo muita revista de palavras cruzadas no seu lixo.

- É. Sim. Bem. Eu fico muito em casa. Não saio muito. Sabe como é.
- Namorada?
- Não.
- Mas há uns dias tinha uma fotografia de mulher no seu lixo. Até bonitinha.
- Eu estava limpando umas gavetas. Coisa antiga.
- Você não rasgou a fotografia. Isso significa que, no fundo, você quer que ela volte.
- Você já está analisando o meu lixo!
- Não posso negar que o seu lixo me interessou.
- Engraçado. Quando examinei o seu lixo, decidi que gostaria de conhecê-Ia. Acho que foi a poesia.
- Não! Você viu meus poemas?
- Vi e gostei muito.
- Mas são muito ruins!
- Se você achasse eles ruins mesmo, teria rasgado. Eles só estavam dobrados.
- Se eu soubesse que você ia ler...
- Só não fiquei com eles porque, afinal, estaria roubando. Se bem que, não sei: o lixo da pessoa ainda é propriedade dela?
- Acho que não. Lixo é domínio público.
- Você tem razão. Através do lixo, o particular se torna público. O que sobra da nossa vida privada se integra com a sobra dos outros. O lixo é comunitário. É nossa parte mais social. Será isso?
- Bom, aí você já está indo fundo demais no lixo. Acho que...
- Ontem, no seu lixo... .
- O quê?
- Me enganei, ou eram cascas de camarão?
- Acertou. Comprei uns camarões graúdos e descasquei.
- Eu adoro camarão.
- Descasquei, mas ainda não comi. Quem sabe a gente pode...
- Jantar juntos?
- É.
- Não quero dar trabalho.

- Trabalho nenhum.
- Vai sujar a sua cozinha.
- Nada. Num instante se limpa tudo e põe os restos fora.
- No seu lixo ou no meu?"
Luís Fernando Veríssimo

181. Quem tomou a iniciativa do diálogo, ele ou ela?

182. "Eu ainda não *lhe* conhecia". É correto o uso do *lhe* ao invés do *a*?

183. "Me chame de você". Rigorosamente não se deve começar a oração com o pronome oblíquo. Contudo, o autor quis contrariar a gramática. Dê a diferença: me chame/chame-me.

184. Em que momento do diálogo os personagens se tornam mais íntimos?

185. "Achei que era letra de professora". Qual a característica marcante de letra de professora?

186. Por onde a moça identificou a morte do pai e a insegurança dele após a morte?

187. Por onde o moço identificou a insegurança dela?

188. Revista de palavras cruzadas pode revelar solidão? Por quê?

189. - Acho que foi a *poesia*.
    - Não! Você viu meus *poemas*?
    Pesquise: estabeleça a diferença entre poesia e poema.

190. O título " Lixo" traz à mente o que há de mais impessoal na sociedade de consumo, contudo:

a) retrata o primeiro encontro;
b) revela intimidades neuróticas;
c) é o cenário de um beijo amoroso num ambiente pouco tradicional.

191. Justifique por que você optou ou não pela alternativa *a*.

192. O diálogo desenvolveu-se de uma frieza a perguntas mais arrojadas, ou vice-versa? Por quê?

193. As reticências ocorrem com mais frequência no começo da narração ou no fim? Por quê?

194. Nenhum deles tem nome. Têm números. Em que esse dado contribuiu para melhor desenvolvimento da história?

195. O intercâmbio verbal entre os personagens termina por onde começou. Explique.

196. O discurso direto ajudou a construir um clima de realidade. Explique.

197. Redação: Imagine o primeiro encontro de um casal num ambiente pouco tradicional.

Texto para os exercícios de **198** a **203**.

Irene no céu

"*Irene preta*
Irene boa
Irene sempre de bom humor.
Imagino Irene entrando no céu:
- Licença, meu branco!
E São Pedro bonachão:
- Entra, Irene. Você não precisa pedir licença.
Manuel Bandeira

198. Reescreva o texto onde o discurso seja precedido de verbo de elocução (verbo *dicendi*).

199. Reescreva o texto onde o discurso seja indireto.

200. "Entra (tu), você não precisa...". Justifique à luz da beleza estética o erro que o autor, de propósito, pratica.

201. Conte essa mesma história, usando palavras diversas daquelas usadas pelo autor.

202. "Você não precisa pedir licença "refere-se a":
a) Irene preta;
b) Irene boa;
c) branco;
d) São Pedro.

203. Justifique por que você optou ou não pela alternativa *a*.

5
Raciocínio lógico

Leia com atenção o trecho extraído do Sermão do Mandato do Padre Vieira:

O tempo e o amor
"O primeiro remédio é o tempo. Tudo cura o tempo, tudo faz esquecer, tudo gasta, tudo digere, tudo acaba. Atreve-se o tempo a colunas de mármore, quanto mais a corações de cera! São as afeições como as vidas que não há mais certo sinal de haverem de durar pouco, que terem durado muito. São como as linhas que partem do centro para a circunferência, que quanto mais continuadas, tanto menos unidas. Por isso os antigos sabiamente pintaram o amor menino porque não há amor tão robusto, que chegue a ser velho. De todos os instrumentos, com que o armou a natureza, o desarma o tempo. Afroixa-lhe o arco, com que já não tira embota-lhe as setas, com que já não fere; abre-lhe os olhos, com que vê o que não via; e faz-lhe crescer as asas, com que voa e foge. A razão natural de toda esta diferença, é porque o tempo tira a novidade às cousas, descobre-lhe os defeitos, enfastia-lhe o gosto, e basta que sejam usadas para não serem as mesmas. Gasta-se o ferro com uso, quanto mais o amor? O mesmo amar é causa de não amar, e o ter amado muito, de amar menos."

A que conclusão chega o autor?
Que amar é causa de não amar, e que se ama pouco por se ter amado muito. Mas a conclusão nos parece absurda; no entanto, o autor, para chegar a ela, desenvolveu um raciocínio: o tempo acaba com tudo. O tempo corrói as colunas de mármore, afrouxa o arco, embota as setas, gasta o ferro. Portanto, conclui o autor, quem ama, acaba não amando, e a explicação é simples: se até o mármore e o ferro são gastos pelo uso, que diríamos do amor; então, se amo, acabo sem o amor e se ele é intenso, acaba sendo pouco.

É evidente que o autor fez um sofisma. Sofisma é um raciocínio errado, que se apresenta com aparência de verdade. Sofismar é levar alguém a engodo com argumentos aparentemente verdadeiros.

Qual o erro (consciente ou não) no raciocínio do Padre Vieira? Ele compara sentimento com objeto; o abstrato com o concreto; o material com o espiritual. Se o ferro acaba com o uso, o amor também - o que é absurdo. Seguindo o mesmo raciocínio do texto, diz-se: então, quanto mais honesto sou, menos serei; quanto mais inteligente és, menos serás; quanto mais covardes somos, menos seremos. Absurdo! Se o mármore acaba com o tempo, o amor não, porque não tem a mesma essência dele. Quantos pensadores, políticos, sociólogos tentam, de propósito ou não, levar a erro seus leitores! É preciso atenção crítica à leitura e, quando escrever, é necessário um grande amor à verdade. A Lógica é um valioso instrumento aos cientistas, filósofos e pensadores, não só quando leem como também quando escrevem, para influenciar a mente dos que os leem. Para Aristóteles, raciocínio é um argumento em que, estabelecidas certas coisas, outras coisas diferentes se deduzem necessariamente das primeiras. O raciocínio é uma demonstração; é partir do conhecido para o desconhecido. A Lógica divide o raciocínio em indutivo e dedutivo.

Raciocínio Indutivo é a maneira de pensar que parte de uma ou várias verdades particulares, conhecidas, e procura chegar a uma verdade universal. O ponto de partida é o particular, o próximo; o de chegada é o geral.

O homem provou a água de um rio e sentiu que não era salgada como a do mar; e a cada rio que encontrava percebia ser doce sua água. Então, concluiu que todos os rios têm água doce, embora seja duvidoso que o homem tenha provado a água de todos eles. A cada corpo lançado para cima, o homem percebeu que caía para baixo, então todo corpo atirado para cima cai, embora seja duvidoso que o homem tenha lançado todos eles.

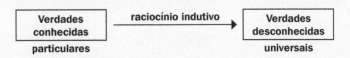

Raciocínio dedutivo é a maneira de pensar que percorre o trajeto oposto ao do raciocínio indutivo: a partir de uma verdade universal chega-se a uma verdade singular. O ponto de partida de um é o de chegada do outro e vice-versa.

Todo homem é mortal.
Sócrates é homem.
Logo Sócrates é mortal.

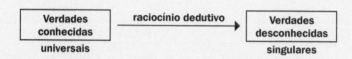

Silogismo: o professor que expõe, o dialético que discute, o orador que persuade, o juiz que julga, utilizam um raciocínio: o silogismo. O silogismo permite afirmar certas verdades com base em outras pelo simples fato de estas últimas serem verdadeiras.

Se todo poeta é leitor de grandes escritores,
e Vinícius de Moraes é poeta,
então Vinícius é leitor de grandes escritores.

Se são verdadeiras as duas primeiras premissas, não há como fugir da conclusão. A primeira premissa advém da ideia generalizada de que não há bons poetas que não tenham lido outros escritores; a segunda é a afirmação já pacificamente aceita de que Vinícius é poeta. Não há, pois, como escapar da conclusão de que Vinícius de Morais lê grandes escritores.

De que se compõe um silogismo?
Quais seus elementos?

A ideia de descobrir algo de novo através de determinadas regras de pensamento remonta a Aristóteles. Apesar de sua simplicidade, é uma das mais, senão a mais valiosa, contribuição da Filosofia ao intelecto humano.

Composição do silogismo

São três as partes do silogismo: duas premissas e uma conclusão.

(A)　　　　(R)

Premissa maior: Todos os animais se reproduzem.

(H)　　　　(A)

Premissa menor: A aranha é um animal.

Conclusão: Logo a aranha se reproduz.

A - Termo médio

R - Termo maior

H - Termo menor

O termo médio A (animal) deve encontrar-se necessariamente nas duas premissas, jamais na conclusão. Se o termo médio pertence necessariamente ao maior, e o menor necessariamente ao médio, então o menor pertence necessariamente ao maior. Se todo corpo separado de sua fonte luminosa se eclipsa, e se a lua está agora separada, deduz-se que ela se eclipsa.

Se todo aquele que mata deve ser preso e Pedro matou, logo deve ser preso.

O sofisma é um silogismo aparentemente verdadeiro, mas na realidade falso.

Sofismas Dedutivos

Todos os seres de nosso mundo gastam-se com o tempo.

Ora, o mármore, o ferro, o arco, o amor são seres de nosso mundo.

Logo, o mármore, o ferro, o arco, o amor gastam-se com o tempo.

O sofisma acima consistiu em equiparar o concreto com o abstrato. Gastar para o ferro é uma coisa; para o amor é outra.

Muitos judeus são franceses e alguns franceses são milionários.

Portanto, existem judeus franceses milionários.

O termo menor (franceses) é parcial. Observe o possível conjunto:

Pelo gráfico, não há necessariamente judeu francês milionário.

Os médicos têm diploma de curso superior.
Os sacerdotes não são médicos.
Logo, não têm diploma de curso superior.
Veja no gráfico como é falso:

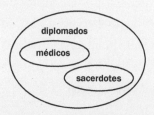

Alguns colégios em São Paulo não aceitavam professores desquitados em seu corpo docente. Veja o silogismo falso de seus diretores:
Um ou outro desquitado tem vida emocional desequilibrada.
Ora, este nosso professor desquitou-se no decorrer do ano letivo.
Logo, deve ser despedido porque tem vida emocional desequilibrada.

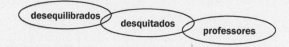

Sofismas Indutivos

Existe uma infinidade de sofismas indutivos. Não é fácil agrupá-los em tipos. O professor Gustavo Bernardo, em *Redação Inquieta*, agrupa em cinco tipos: o círculo vicioso; a estatística tendenciosa; a fuga do assunto; o argumento autoritário; e a confusão causa-efeito.

O círculo vicioso

O círculo vicioso aparece quando se dá como prova aquilo que já se afirmou; não se demonstra, apenas se reafirma o que foi dito.
- *Não há diferença alguma entre a vida e a morte.*
- *Por que não te matas, então?*
- *Por que não há diferença.*

A estátua de David de Michelangelo é belíssima, porque nenhuma outra é tão bonita como ela.
- *Não te quero ver conversando com o Ricardo.*
- *Por quê?*
- *Porque não!*

A estatística tendenciosa que prefiro chamar de manipulação de dados

Com má fé, os dados numéricos podem ser manipulados como se deseja. Nas eleições, por exemplo, basta buscar dados no reduto do candidato que se queira prestigiar com a estatística. Se um milhão de pessoas pedem, concentrados no Vale do Anhangabaú, eleições diretas para presidente, os sofistas podem argumentar que nove milhões não querem as eleições diretas porque não compareceram ao comício.

Numa cidade do interior, diz Bertrand Russell, onde existe um só barbeiro, quem não faz sua própria barba faz a barba no barbeiro. Se é verdade, concluímos que o barbeiro é barbudo, porque se vai ao barbeiro não faz sua própria barba e se faz a própria barba, não vai ao barbeiro. É evidente que o paradoxo de Russell tem um furo. O barbeiro deve ficar fora do conjunto; assim: numa cidade do interior onde existe um só barbeiro, quem não faz sua própria barba faz a barba no barbeiro, exceto o próprio, que pode fazer sua própria barba, indo ao barbeiro.

Como também:

"Eu não creio em nada" - exceto nisso, sob pena de desmoronar o raciocínio.

Os jovens revolucionários franceses, em 1968, professaram: "É proibido proibir" - só é válido se esta proibição for a única permitida.

"Não há regra sem exceção" - exceto esta, porque se de fato não há regra sem exceção, vai haver uma regra sem exceção, para ser a exceção da regra que diz: "não há regra sem exceção".

A manipulação de dados é capaz de demonstrar que uma pessoa com os pés na geladeira e a cabeça no forno está estatisticamente com uma temperatura média agradável.

Ou que um relógio quebrado é mais útil que outro que adiante um minuto por dia, porque este nunca marcará a hora corretamente, mas aquele - o quebrado - marcará a hora corretamente duas vezes por dia.

Ou que dando dois tiros num coelho, passando o primeiro tiro a um palmo à direita e o segundo tiro a um palmo à esquerda, estatisticamente o coelho está morto.

Qualquer um de nós tem dois pais e quatro avós e oito bisavós e dezesseis trisavós e trinta e dois tetravós e sessenta e quatro pentavós... e regredindo a oitenta gerações passadas não é difícil calcular quantas pessoas existiram para dar origem a um de nós:

$$A_n = A_1 \times q^{n-1}$$

O último termo de uma progressão geométrica é dado pelo primeiro, multiplicado pela razão, elevada à quantidade de termos menos um; ou seja:

$$A_{80} = 1 \times 2^{80-1}$$

Esse número é superior à população da terra de hoje. E perceba que apenas calculamos oitenta gerações - que vai até a época de Cristo. Imagine trezentas gerações. Então a humanidade cresceu assim:

E não assim como pensam os sociólogos e geógrafos:

Desvende você o erro desse sofisma.

A fuga do assunto

- Senhor Diretor, posso colocar um artigo de minha autoria no mural do pátio?
- Não!
- Por quê?
- Você já imaginou o que aconteceria se todos os cinco mil alunos quisessem afixar um artigo no mural!

No Tribunal do Júri o advogado de defesa, vendo que poucos argumentos lhe restam para absolver o cliente:
- Senhores jurados, o réu é pai de cinco filhos, deve trabalhar para educá-los! Cinco filhos menores, sem o amparo do pai, serão cinco futuros marginais.

- Senhor Ministro, por que o salário-mínimo aumentou só doze por cento?
- O Brasil é um país grandioso e pode ter um grande futuro. Trabalhamos intensamente para colocar o país no concerto das nações livres, democráticas e cristãs.

O argumento autoritário

Durante séculos, reis, padres, senhores feudais, ditadores, insistiram em que a obediência é o correto e o verdadeiro, a desobediência é errado e falso. Se um homem só deve obedecer, então é escravo; assim como se só desobedece é rebelde. Não se pode afirmar que basta obedecer à autoridade para estar-se raciocinando corretamente. Deve-se obedecer à própria razão ou convicção, sob pena da humanidade estacionar.

Entre as leis da humanidade e a lei da autoridade, fiquemos com a lei da humanidade. -A escravidão era legal; a eleição indireta para Presidente da República no Brasil era legal; o campo de concentração era legal; Adolf Eichmann (o carrasco nazista) agiu de acordo com a lei. A autoridade não é a dona da verdade. A escravidão, embora legal, era ilegítima. A capacidade de duvidar, de criticar, de aprovar, de rejeitar, independentemente da autoridade que dita as normas, talvez seja, segundo Erich Fromm, tudo o que se coloca entre o futuro da humanidade e o término da civilização.

A confusão causa-efeito

- Por que existem pobres e favelados?
- Porque não tomam a iniciativa de trabalhar. Não querem estudar, nem prosperar.
- Seria possível alfabetizá-los?
- Não! São indolentes e rejeitam todo e qualquer auxílio.

Não é o caso de Machado de Assis que, embora humilde e favelado, chegou à maior posição intelectual do país. Veja o quanto pode o esforço pessoal.

Exercícios

Texto para os exercícios de **204** a **211**.

Se uma ovelha perdida e já cobrada
Glória tal e prazer tão repentino
Vos deu, como afirmais, na Sacra História,
Eu sou, Senhor, ovelha desgarrada;
Cobrai-a, e não queirais, pastor divino,
Perder na vossa ovelha a vossa glória.
Gregório de Matos

Há no texto de Gregório um silogismo:
Toda ovelha perdida é salva pelo Senhor, com prazer.
Eu sou ovelha perdida.
Logo, devo ser salvo pelo Senhor com prazer.

Identifique:

204. O termo médio.

205. O termo maior.

206. O termo menor.

207. A premissa maior.

208. A premissa menor.

209. A conclusão.

Responda:

210. O que é a Sacra História?

211. O que há de irônico e sarcástico no texto de Gregório?

Texto para os exercícios de **212** a **217**.

Leia este soneto de Rodrigues Lobo do Barroco português:
Fermoso Tejo meu, quão diferente
Te vejo e vi, me vês agora e viste:
Turvo te vejo a ti, tu a mim triste,
Claro te vi eu já, tu a mim contente.

A ti foi-te trocando a grossa enchente
A quem teu largo campo não resiste;
A mim trocou-me a vista em que consiste
O meu viver contente ou descontente.

Já que somos no mal participantes,
Sejamo-lo no bem. Oh! Quem me dera
Que fôramos em tudo semelhantes!

Mas lá virá a fresca primavera;
Tu tornarás a ser quem eras de antes,
Eu não sei se serei quem de antes era.

Mantemos o silogismo:
O rio passa de turvo para claro.
Ora, eu sou igual ao rio: quando ele está claro, eu estou alegre; quando está turvo, eu estou triste.
No momento o rio está turvo e eu triste.
Portanto, eu passarei de turvo para claro, ou melhor, de triste para alegre, embora tenha dúvidas.

Identifique:

212. O termo médio.

213. O termo maior.

214. O termo menor.

215. A premissa maior.

216. A premissa menor.

217. A conclusão.

218. Identifique o erro deste raciocínio:
Os americanos do norte têm grande probabilidade de descobrir a causa do câncer. Ora, os brasileiros não são americanos do norte.
Logo, os brasileiros não têm probabilidade de descobrir a causa do câncer.

Texto para os exercícios de **219** a **226**.

O heptágono redondo
Cinco mais quatro são oito.
Cinco mais quatro são sete.

Esta verdade dos versos
serena fria Impassível
vem de um mundo sem decálogos
e se afirma inexorável.

Cinco mais quatro são oito.
Cinco mais quatro são sete.

Digo a verdade mais pura
que o mundo oculto apregoa
contra a ciência dos loucos
crescendo multiplicando.

Digo a verdade que diz
losango de cinco faces;
a Terra sobre elefantes
se estende quadrada e lisa
e a massa do mar se firma
no dorso de estranhos monstros.

Esta verdade meu filho
acima das matemáticas
acende na alma dos homens
a luz que fere os abismos
e afirma à posteridade
sobre três deuses num só:
padre filho espírito santo
cinco mais quatro são sete.
Domingos Carvalho da Silva

219. "Heptágono Redondo". Que é um heptágono? Quantas faces deveria ter um polígono redondo? Apesar do absurdo do título. lendo o poema percebe-se uma lógica. Qual?

220. "Esta verdade dos versos
    ....
    vem de um mundo sem decálogos".
    Que são os decálogos? Só num mundo sem decálogos é que aquelas afirmações do título e dos dois primeiros versos são verdadeiras. Por quê?

221. "Digo a verdade mais pura
    ....
    contra a ciência dos loucos".
    "Cinco mais quatro são oito" é uma verdade que vai contra a ciência dos loucos. Quem são os loucos? Qual sua ciência?

222. "A terra sobre elefantes
se estende quadrada e lisa".
Que teoria foi essa? O losango de cinco faces harmoniza-se com a teoria da Terra sobre elefantes. Em que termos?

223. " ... três deuses num só:
padre filho espírito santo".
Que pretende o autor com essa afirmação?

224. "Cinco mais quatro são oito". Com efeito:
16 - 36 = 25 - 45
Juntando a ambos os membros a fração $\frac{81}{4}$ não se altera a igualdade, assim:

$$16 - 36 + \frac{81}{4} = 25 - 45 + \frac{81}{4}$$
ou
$$(4 - \frac{9}{2})^2 = (5 - \frac{9}{2})^2$$

Extraindo a raiz quadrada de ambos os membros, também não se altera a igualdade, assim:

$$4 - \frac{9}{2} = 5 - \frac{9}{2}$$
ou
$$4 = 5$$

Portanto, 5 + 4 = 8, porque 5 = 4.
Desvende o sofisma.

225. Afinal, você considera o texto do poeta, em seu todo, lógico ou ilógico? Justifique a resposta.

226. Redação: Faça um breve comentário da seguinte afirmação: "Cinco mais quatro são nove, porém...".

Texto para os exercícios de **227** a **239**.

Frases sem sentido

"Um interessante e importante fato a respeito da linguagem é a possibilidade de se construir frases que, à primeira vista, parecem estar perfeitamente em ordem e, no entanto, são ininteligíveis. Exemplos desse fenômeno são frases tais como "Sábado está na cama", "Quadruplicidade bebe procrastinação" e "O meu sonho foi três vezes maior do que o teu". Embora todas as palavras que compõem essas frases sejam perfeitamente inteligíveis e nenhuma das frases viole qualquer das regras correntemente reconhecidas da gramática (nenhuma delas diz algo como "E o antes em para quando"), não fazem sentido algum. Não podemos entender, simplesmente, o que significa Sábado estar na cama (em vez de em qualquer outro lugar) ou que dois sonhos possam ser comparáveis em tamanho. Ora, se todos os exemplos de frases gramaticalmente impecáveis mas ininteligíveis fossem tão óbvios quanto esses, não teriam jamais atraído a atenção dos filósofos, embora talvez merecessem o interesse dos linguistas que procuram formular princípios básicos que rejam a formação de frases inteligíveis. Tem parecido a muitos filósofos, entretanto, que algumas das frases regularmente empregadas pelos seus colegas sofrem do mesmo defeito, embora de modo menos óbvio. Entre essas frases estão as seguintes:

1. A existência do universo físico depende de um ser espiritual onipotente.

2. As propriedades têm um modo de existência independente de sua exemplificação.

3. Um ser humano compõe-se de duas substâncias: uma material e uma imaterial.

4. Os objetos físicos não são apenas compostos de propriedades; além disso, existe algo (um "substrato") que tem essas propriedades.

5. É possível que nenhum ser humano, exceto eu próprio, seja realmente consciente; podem ser todos máquinas muito complexas.

6. É possível que o mundo tenha começado a existir há cinco minutos, completo com seus registros, memórias, camadas geológicas etc., exatamente como se tivesse existido há milhões ou bilhões de anos.

7. Os padrões morais têm uma existência objetiva.

Cada uma dessas frases desempenha um importante papel num ramo ou noutro da Filosofia: filosofia da religião (1); metafísica (2 a 4); epistemologla (investigações sobre os fundamentos de uma ou outra espécie de conhecimento) (5 e 6); e ética (7). Cada uma delas foi enunciada como se fosse obviamente inteligível e pressupõe-se que os leitores experientes em Filosofia entendam perfeitamente o que foi dito quando tais frases foram empregadas. Entretanto, a persistência de controvérsias seculares sobre tais matérias, a ausência de qualquer perspectiva de que as questões possam ser alguma vez definitivamente resolvidas e a consequente dúvida sobre se as partes litigantes realmente se entendem umas às outras, levaram alguns filósofos a contestar o significado dessas frases."

William P. Alstren - Filosofia da Linguagem

227. "O peixe é um animal racional e mamífero". "Sábado está na cama". A primeira frase é inteligível? E a segunda, é inteligível?

228. Diz o autor que a segunda frase está em ordem. Que ordem é essa?

229. E a primeira frase, está em ordem?

230. Qual o erro que contamina a primeira?

231. Qual o erro que contamina a segunda?

232. Para o autor, nem toda frase é obviamente ininteligível. De que mal sofrem as frases ininteligíveis como a do item 2?

233. "A existência do universo físico depende de um ser espiritual onipotente". Por que o autor cita a frase como ininteligível? O que lhe falta para tornar-se inteligível?

234. "Um ser humano compõe-se de duas substâncias: uma material e uma imaterial". A afirmação é metafísica. O que é metafísica? O autor chama-a de frase ininteligível. Por quê? O que lhe falta para tornar-se inteligível?

235. O menor, na Grande São Paulo, está abandonado, porque ele mesmo deixou-se ficar ao abandono. Essa afirmação, segundo o autor, é gramaticalmente correta? Por quê?

236. Segundo o autor, ela é inteligível? Por quê?

237. Essa afirmação está relacionada com:
a) filosofia da religião;
b) metafísica;
c) epistemologia;
d) ética;
e) outro campo do conhecimento.

238. Tudo no universo está continuamente se deslocando de modo que as coisas se distanciam entre si cada vez mais. Essa afirmação está relacionada com a Física. Pesquise: ela tem fundamento científico? Pode ser demonstrada e comprovada? Afinal, é inteligível?

239. Uma sensação de horizontes ilimitados é evidente na poesia de Cecília Meireles. Esta afirmação está relacionada com:
a) crítica literária;
b) sociologia;
c) metafísica;
d) psicologia.

Leia com atenção o diálogo abaixo, para então fazer os exercícios de **240 a 244**.

- Se estivesses perdido numa ilha, qual o livro que gostarias de ter por companhia?
- *Manual de Construção de Barcos.*

240. Existe um mal-entendido na comunicação (ruído). Qual?

241. Com suas palavras, o que realmente o primeiro perguntou ao segundo?

242. E o segundo respondeu com base em que pergunta?

243. Responda você à pergunta do primeiro, sabendo claramente o que ele deseja saber.

244. Faça você a pergunta ao segundo cuja resposta - já dada - harmoniza-se com o que você lhe vai perguntar.

6
Paráfrase e paródia

Ensinar a escrever não é tarefa fácil, mesmo porque quem escreve esse livro também tem dificuldade de escrever. Machado de Assis certamente não fez qualquer cursinho de redação e provavelmente não leu qualquer manual de redação. Sem dúvida, como todos os grandes escritores, aprendeu a escrever tomando contato com as grandes obras nacionais e estrangeiras. Ninguém aprende a escrever apenas porque sabe acentuar corretamente as palavras ou porque tem noção de concordância ou sintaxe. Não! A língua é só o instrumento. Saber escrever é ter ideias. E as ideias só se obtêm em contato com os grandes escritores.
Suponhamos: numa reunião de alguns alunos e professores distribui-se uma folha de papel e pede-se para fazer uma dissertação sobre "Assembleia Nacional Constituinte". Se a maioria não souber escrever um texto razoável, não é por não saber ortografia, pontuação, concordância... mas por não ter ideias. E as ideias estão nos textos, nos livros, nas obras que falam, discutem, propõem, criticam uma Assembleia Nacional Constituinte. Não é só o contato com a Gramática, isso é necessário mas não suficiente.
Após ter lido alguns artigos e tratados sobre Constituinte, fica-se afiado para propor uma ideia original sobre o tema.
A poesia não fica atrás. Todo poeta é, sem dúvida, um grande devorador de versos.
Eis o valor da paródia e da paráfrase: recriar um texto é também buscar originalidade e uma das maneiras de aprender a escrever com desembaraço e segurança. Cumpre estabelecer a diferença entre paráfrase e paródia. Paráfrase (para-phrasis = ao lado da frase) é a repetição do texto com variações de palavras; na paráfrase reafirma-se, em palavras diferentes, o mesmo teor de um texto. Faz paráfrase quem converte uma poesia em prosa, conservando-lhe o sentido; ou quem converte para a poesia uma prosa; ou quem esclarece uma

passagem difícil de uma obra; a própria tradução que se faz de uma língua para outra é uma paráfrase. Interpretar um texto ou resumí-lo também é paráfrase.

Paródia (para-ode = ao lado da ode) é uma composição literária que corrompe o significado de outra. Eis a diferença da paródia e paráfrase. Esta mantém o significado; a primeira corrompe. Na paródia a tragédia será comédia, a comédia vira tragédia, o que faz chorar agora faz rir. A paródia segue o mesmo caminho traçado pelo autor original, mas busca outras ideias.

Exemplo de paráfrase

Texto Base

Parábola da ovelha desgarrada
Chegam-se pois a Jesus os publicanos e os pecadores para o ouvirem. E os fariseus e os escribas murmuravam dizendo: Este recebe os pecadores e come com eles. E ele lhes propôs esta parábola, dizendo: Qual de vós outros é o homem que tem cem ovelhas, e se perde uma delas, não é assim, que deixa as noventa e nove no deserto, e vai a buscar a que se havia perdido, até que a ache? E que depois de a achar, a põe sobre ombros cheio de gosto e vindo à casa chama a seus amigos, e vizinhos, dizendo-lhes: "Congratulai-vos comigo, porque achei a minha ovelha, que se havia perdido? Digo-vos que assim haverá maior júbilo no céu sobre um pecador, que fizer penitência, que sobre noventa e nove justos que não há mister de penitência."

A Paráfrase

A ovelha perdida
Qual dentre vós que cem ovelhas tendo
E uma delas perdendo,
Não deixa as outras todas e não parte
Por vales e por serras, em batida,

Solícito, a buscar por toda parte
Sua ovelha perdida?

E quando a houver achado, jubiloso,
Não reúne os amigos numa festa,
Dizendo-lhes: - é esta!
É esta a ovelha que perdido eu tinha!
Vinde regozijar-vos com o meu gozo,
Vinde juntar-vos à alegria minha!

Assim, digo-vos eu
Que haverá maior júbilo no Céu
Por um só pecador arrependido,
Que por um cento
De justos que o meu Reino Prometido
Hajam bem merecido
E não precisem de arrependimento.

Bastos Tigre

O texto do poeta não corrompeu o texto bíblico; o sentido é o mesmo, a mensagem é a mesma, idêntico é o tema. Na Bíblia, a ovelha é desgarrada; no texto do poeta, a ovelha é perdida.

O texto bíblico enumera as ovelhas que não se perderam: noventa e nove; o poeta fala de "as outras todas". Lucas não menciona o ambiente em que se procura a ovelha desgarrada; Bastos Tigre procura por vales e por serras. O pastor da Bíblia traz a ovelha nos ombros, cheio de alegria; o pastor do poeta aponta a ovelha aos amigos que se reúnem em festa. Lucas diz que o céu se jubilará com um só penitente do que com noventa e nove justos; Bastos Tigre diz que o Reino Prometido se jubilará com um só arrependido do que com um cento de justos.

Porém o tema em ambos os textos é o mesmo: o lugar do cristão é entre os pecadores, pois que os justos não precisam de salvador.

Exemplo de paródia

Texto Base

Ser mãe
Ser mãe é desdobrar fibra por fibra
o coração! Ser mãe é ter no alheio
lábio, que suga, o pedestal do seio,
onde a vida, onde o amor cantando vibra.

Ser mãe é ser um anjo que se libra
sobre um berço dormido! É ser anseio,
é ser temeridade, é ser receio,
é ser força que os males equilibra!

Todo bem que a mãe goza é bem do filho,
espelho em que se mira afortunada,
luz que lhe põe nos olhos novo brilho!

Ser mãe é andar chorando num sorriso!
Ser mãe é ter um mundo e não ter nada!
Ser mãe é padecer num paraíso!
Coelho Neto

A Paródia

Ser genro
Ser genro é arrebentar fibra por fibra
o Tesouro. Ser genro é ter o alheio
bolso do sogro como um farto seio
onde ouro, aos borbotões, palpita e vibra.

Ser genro é ser morcego que se libra
sobre o Estado dormindo. É ser anseio.

Construir quitandinhas sem receio,
pensando que a roleta se equilibra!

É bem do genro o bem que o sogro goza,
é a própria vida noutra retratada,
luz que lhe faz os dias cor-de-rosa.

Ser genro é andar gozando num sorriso.
Fazer por Niterói menos que nada,
ser genro é enriquecer num paraíso!...
Alvaro Armando

O soneto de Álvaro Armando é calcado no de Coelho Neto, porém o significado é diverso, como diversos são o tema e a mensagem. A mãe desdobra fibra por fibra o coração; o genro arrebata o tesouro fibra por fibra. A mãe alimenta com o seio; o seio do genro é o bolso do sogro. A mãe se equilibra sobre o berço; o genro é parasita do Estado. A mãe é anseio e receio e força; o genro só pensa em jogatina. A mãe só pensa no bem do filho; a fortuna do sogro é o bem do genro. A vida da mãe é um paradoxo: chora num sorriso; não há paradoxo na vida do genro: goza num sorriso. A mãe tem o mundo e nada tem; o genro nada faz pela cidade que tem. No paraíso a mãe padece - que contra-senso! No paraíso o genro enriquece
- que coerência! O tema do soneto de Coelho Neto é exaltar as qualidades da mãe, principalmente a resignação. O tema da paródia é ridicularizar a figura do genro, principalmente quando interesseiro e parasita.

Exercícios

Textos para os exercícios de **245** a **254**.

Jacó e Raquel (Texto Base)

"Jacó ficou em casa dele um mês inteiro. E Labão disse-lhe: "Acaso porque és meu irmão, servir-me-ás de graça? Dize-me que salário queres". Ora, Labão tinha duas filhas: a mais velha chamava-se Lia, e a mais nova Raquel. Lia tinha os olhos defeituosos, e Raquel era bela de talhe e rosto. Jacó, que amava Raquel, disse a Labão: "Eu te servirei sete anos por Raquel, tua filha mais nova." - "É melhor, respondeu Labão, dá-la a ti que a um outro: fica comigo." Assim, Jacó serviu por Raquel sete anos, que lhe pareceram dias, tão grande era o amor que lhe tinha. Disse, pois, a Labão: "Dá-me minha mulher, porque está completo o meu tempo, e quero desposá-la."

Labão reuniu todos os habitantes do lugar e deu um banquete. Mas, à noite, conduziu Lia a Jacó, que se uniu com ela. E deu à sua filha Lia, sua escrava Zelfa. Pela manhã, viu Jacó que tinha ficado com Lia. E disse a Labão: "Que me fizeste? Não foi por Raquel que te servi? Por que me enganaste?" - "Aqui, respondeu Labão, não é costume casar a mais nova antes da mais velha. Acaba a semana com esta, e depois te darei também sua irmã, a condição que me sirvas ainda sete anos." Assim fez Jacó: acabou a semana com Lia, e depois lhe deu Labão por mulher sua filha Raquel, dando por serva a Raquel sua escrava Bala. Jacó uniu-se pois a Raquel, a quem amou mais do que a Lia. E serviu ainda por sete anos em casa de Labão."

Gênese 29:15-30

Recriação

Sete anos de pastor Jacó servia
Labão, pai de Raquel, serrana bela;
mas não servia ao pai, servia a ela,
que a ela só por prêmio pretendia.

*Os dias na esperança de um só dia
passava, contentando-se com vê-la;*

*porém o pai, usando de cautela,
em lugar de Raquel lhe deu a Lia.*

*Vendo o triste pastor que com enganos
assim lhe era negada a sua pastora
como se a não tivera merecida,*

*começou a servir outros sete anos,
dizendo: - Mais servira, se não fora
para tão longo amor, tão curta a vida.*
Camões

245. Esqueça os dois últimos versos de Camões. Sem eles, o texto é paráfrase ou paródia? Por quê?

246. Considerando todo o soneto camoniano, o texto é paráfrase ou paródia? Por quê?

247. "História de Jacó e Raquel. Para merecer a mão de Raquel, Jacó serve sete anos Labão, pai de Raquel. Frustrado, porque o pai lhe deu Lia, Jacó trabalha outros sete anos, para fazer jus ao casamento com Raquel". Este pequeno resumo pode bem consubstanciar o tema do texto bíblico ou camoniano? Por quê?

248. "O canto do amor; amor em qualquer tempo; amor doação; amor que, pela conquista, doa de si sete anos, mais sete, e quantos setes fossem necessários". Este pode ser o tema do texto bíblico ou camoniano? Por quê?

249. O que o texto bíblico fala em muitas linhas, Camões sintetiza nos dois primeiros versos: personagens, ação, tempo. Quais os personagens? Qual a ação? Qual o tempo?

250. Procure no soneto de Camões o verso que equivale a: "Não foi por Raquel que te servi?".

251. Procure no soneto de Camões o verso que equivale a: "E serviu ainda por sete anos em casa de Labão".

252. Há no texto bíblico alguns dados que não aparecem no soneto: os defeitos de Lia, o banquete, as escravas etc. Identifique alguns dados em Camões que não aparecem no texto bíblico.

253. Identifique no soneto um verso que revele amor platônico.

254. "... porém o pai, usando de *cautela*". Quais as cautelas usadas por Labão no texto bíblico?

Texto para os exercícios de 255 a 259.

Ao casamento de Pedro Álvares da Neiva

Sete anos a nobreza da Bahia
servia uma pastora Indiana bela,
porém servia a índia e não a ela,
que a índia só por prêmio pretendia.

Mil dias na esperança de um só dia
passava, contentando-se com vê-la,
mas Frei Tomás, usando de cautela,
deu-lhe o vilão, quitou-lhe a fidalguia.

Vendo o Brasil que por tão sujos modos
se lhe usurpava a sua dona Elvira
quase a golpes de um maço e de uma goiva,

logo se arrependeram de amar todos,
mas qualquer mais amara se não vira
para tão limpo amor tão suja noiva.

Gregório de Matos

255. Vamos estabelecer a equivalência:
a) Pedro Àlvares da Neiva ( ) Labão
b) Pastora Indiana ( ) Jacó
c) Índia ( ) Raquel

256. O texto de Gregório de Matos está calcado no texto bíblico ou no de Camões? Por quê?

257. É paráfrase ou paródia? Por quê?

258. O texto bíblico narra a história de Jacó, desejoso de casar-se com a filha de Labão; o texto camoniano exalta o amor. E o texto de Gregório de Matos, qual seu tema?

259. Escolha entre os três:
a) aquele em que predomina a beleza estética;
b) aquele que satiriza costumes;
c) aquele com valor histórico.

Texto para os exercícios de **260** a **266**

Jacó e Raquel

"Sete anos de pastor Jacó servia
Labão, pai de Raquel", gentil criatura,
porém, servindo ao pai, Jacó queria
a filha desposar, conta a Escritura.

Quando entretanto, foi chegado o dia
de, no contrato, apor a assinatura,
mestre Labão quis impingir-lhe a Lia,
que era feia, zarolha e já madura.

Porém Jacó, que percebera o logro,
gritou ao pai Labão: - Não vou no embrulho!
E ao demônio mandou a Lia e o sogro.

E ante os pastores escandalizados,
Jacó raptou Raquel e, em doce arrulho,
foram viver os dois... "como casados".
Bastos Tigre

260. Por que entre aspas o primeiro verso e metade do segundo?

261. De que Escritura fala a primeira estrofe?

262. Localize no texto bíblico: "Lia era feia, zarolha e já madura".

263. De que contrato se fala na segunda estrofe?

264. Nesse soneto Lia é impingida a Jacó na hora de assinar o contrato. E no texto bíblico?

265. Retire do texto de Camões o equivalente a: "Não vou no embrulho!".

266. Jacó e Raquel no texto de Bastos Tigre foram viver "como casados". Por que a expressão entre aspas?

Texto para os exercícios de **267** a **269**.

Sunetto crássico

Sette anno di pastore, Giacó servia Labó,
padre da Raffaela, serrana bella,
ma non servia o pai, che iIIo non era troxa nó!
Servia a Raffaela p'ra si gazá co'ella.
I os dias, na esperanza di un dia só,
apassava spiáno na gianella;
ma o páio, fugino da gumbinaçó,
deu a Lia inveiz da Raffaela.
Quano o Glacó adiscobrl o ingano,

e che tigna gaido na sparrella,
ficô c'un brutto d'un garó di arara.
I incomincio di servi otros sette anno
dizeno: Si o Labó non fossi o pai della
io pigava elli i Ií quibrava a gara.
Juó Bananére

267. "O Sunetto Crássico" aproxima-se mais de Camões ou de Bastos Tigre? Por quê?

268. O humor que o texto oferece está na história ou no italianismo?

269. O final do soneto difere do final de Camões. Explique.

Texto para os exercícios de **270** a **274**.

Sete anos de queixeiro Zé sirbia
na benda du Jaquim, um lusitano,
mas num era u Jaquim que ele quiria,
era u dinhâiro dele! Que magano!

Anos e anos na espr'ança de um só ano,
passaba e a vurra nunca averta bia.
U Jaquim, nuguciante suburvano,
do queixeiro, talvez, se precabia.

Bendo u Zé que u patrão, impirtinente,
nunca lhe disse a iele: - "A vurra é bossa!",
nunca a honra lhe fez de tal cumbite,

cuntinuou sirbindo-o vrandamente
dizendo: - "E sirbirei até que possa
pigar-lhe u covre todo e dáre u suite!"
Furnandes Albaralhão

270. Estabeleça a correspondência:
a) Zé   (   ) Labão
b) Jaquim   (   ) Jacó
c) Dinhâiro (   ) Raquel

271. O texto está contaminado de lusitanismo, mas não é difícil saber o significado de: queixeiro, magano, vurra, dáre u suite.

272. É evidente que a palavra-chave do soneto é:
a) Zé;
b) benda;
c) dinhâiro;
d) sete anos;
e) Jaquim.

273. Justifique por que optou ou não pela alternativa c.

274. Todos os poetas contam a história bíblica, porém, sem dúvida, o grande inspirador e modelo de todos eles foi:
a) Camões;
b) Gregório de Matos;
c) Bastos Tigre;
d) Juó Bananére;
e) Furnandes Albaralhão.

Texto para os exercícios de **275** a **284**.

Sermão do Mandato

"A segunda ignorância que tira o merecimento ao amor, é não conhecer quem ama a quem ama. Quantas coisas há no mundo muito amadas, que, se as conhecera quem as ama, haviam de ser muito aborrecidas! Graças logo ao engano e não ao amor. Serviu Jacó os primeiros sete anos a Labão, e ao cabo deles, em vez que lhe darem a Raquel, deram-lhe a Lia. Ah enganado pastor e mais enganado amante! Se perguntarmos à imaginação de Jacó por quem servia, responderá que por Raquel. Mas se fizermos a mesma pergunta a Labão, que sabe o que é, e o que há de ser, dirá com toda a certeza que serve por Lia. E assim foi. Servis por quem servis, não servis por quem cuidais. Cuidais que vossos trabalhos e os vossos desvelos são por Raquel, a amada, e trabalhais e desvelais-vos por Lia, a aborrecida. Se Jacó soubera que servia por Lia, não servia sete anos nem sete dias. Serviu logo ao engano e não ao amor, porque serviu para quem não amava. Oh quantas vezes se representa esta história no teatro do coração humano, e não com diversas figuras, se não na mesma! A mesma que na imaginação é Raquel, na realidade é Lia e não é Labão o que engana a Jacó, senão Jacó o que se engana a si mesmo. Não assim o divino amante, Cristo. Não serviu por Lia debaixo da imaginação de Raquel, mas amava a Lia conhecida como Lia. Nem a Ignorância lhe roubou o merecimento ao amor, nem ao engano lhe trocou o objeto ao trabalho. Amou e padeceu por todos, e por cada um, não como era bem que eles fossem, senão assim como eram. Pelo inimigo, sabendo que era inimigo; pelo ingrato, sabendo que era ingrato; e pelo traidor, "sabendo que era traidor"...

Deste discurso se segue uma conclusão tão certa como ignorada; é que os homens não amam aquilo que cuidam que amam. Por quê? Ou porque o que amam não é o que cuidam; ou porque amam o que verdadeiramente não há. Quem estima vidros, cuidando que são diamantes, diamantes estima e não vidros; quem ama defeitos, cuidando que são perfeições, perfeições ama e não defeitos. Cuidais que amais diamantes de firmeza, e amais vidros de fragilidade; cuidais que amais perfeições angélicas, e amais imperfeições humanas. Logo, os homens não amam o que cuidam que amam. Donde também se segue que amam o que verdadeiramente não há; porque amam as coisas, não como são, senão como as imaginam; e o que se imagina, e não é, não o há no Mundo. Não assim o amor de Cristo, sábio sem engano..."
Padre Antônio Vieira

275. Em qual texto se inspirou o famoso orador para escrever o trecho que se leu?

276. Qual o tema do discurso de Vieira? Afinal, a história de Jacó e Raquel entra na oratória para provar o quê?

277. Analise o seu amor. Segundo o autor, quem é para você a Raquel?

278. Quem é para você a Lia?

279. Explique: Cristo amava a Lia conhecida como Lia.

280. "Sabendo que era traidor'". Por que no texto aparece entre aspas?

281. "*Quem* estima *vidros*, cuidando que são *diamantes*, diamantes estima e não vidros". Associe:
( ) Raquel   A - Quem estima
( ) Lia   B - vidros
( ) Jacó   C - diamantes

282. "*Quem* ama *defeitos*, cuidando que são *perfeições*, perfeições ama e não defeitos". Associe:

( ) Raquel   A - Quem ama
( ) Lia   B - defeitos
( ) Jacó   C - perfeições

283. Para o autor, o amor de Cristo é sábio, sem engano. Por quê?

284. Redação: Desenvolva a Ideia: "Os homens não amam aquilo que cuidam que amam. Por quê? Ou porque o que amam não é o que cuidam; ou porque amam o que verdadeiramente não há".

Textos para os exercícios de **285** a **294**.

Texto I

Ouvir estrelas

"Ora (direis) ouvir estrelas! Certo
perdeste o senso!" E eu vos direi, no entanto,
que, para ouvi-Ias, muita vez desperto
e abro as janelas, pálido de espanto...

E conversamos toda a noite, enquanto
a Via-láctea, como um pálio aberto,
cintila. E, ao vir do sol, saudoso e em pranto,
inda as procuro pelo céu deserto.

Direis agora: "Tresloucado amigo!
Que conversas com elas? Que sentido
têm o que dizem, quando estão contigo?"

E eu vos direi: "Amai para entendê-Ias!
Pois só quem ama pode ter ouvido
capaz de ouvir e de entender estrelas."
Olavo Bilac

Texto II

Ouvir estrelas

"*Ora (direis), ouvir estrelas! Vejo*
Que estás beirando a maluquice extrema.
No entanto o certo é que não perco o ensejo
De ouví-las nos programas de cinema.

Não perco fita; e dir-vos-ei sem pejo
Que mais eu gozo se escabroso é o tema.
Uma boca de estrela dando um beijo
É, meu amigo, assunto para um poema.

Direis agora: - Mas enfim, meu caro,
As estrelas que dizem? Que sentido
Têm suas frases de sabor tão raro?

- Amigo, aprende inglês para entendê-las,
Pois só sabendo Inglês se tem ouvido
Capaz de ouvir e de entender estrelas."
Bastos Tigre

285. Leia atentamente ambos os textos. Veja como habilmente o autor do segundo parodia o primeiro. Faça você uma paródia do Texto I.

286. Que são as estrelas no Texto I? Que são as estrelas no Texto II?

287. Copie do Texto II o equivalente a:
    certo perdeste o senso -
    abro as janelas -
    e conversamos toda a noite -
    que sentido têm o que dizem -
    amai para entendê-las -
    pois só quem ama -

288. Qual o tema do Texto I?

289. Qual o tema do Texto II?

290. Em que momento o autor do Texto II desvia radicalmente do Texto I?

291. Se amar é a palavra-chave no Texto I, qual a palavra-chave no Texto II?

292. Se, pela janela, a noite é o cenário do Texto I, qual o cenário do Texto II?

293. Após já ter lido o conteúdo do poema, analise o título. Em qual *ouvir* é figurado? Em qual *estrela* é figurado?

294. Se não houvesse o Texto I, o Texto II seria humorístico? Por quê?

7
Interpretação de textos

A interpretação de um texto consiste essencialmente em desvendar o tema contido no trecho que procuramos estudar. É o processo lógico que busca estabelecer as ideias do autor. Interpretar é compreender a razão última da obra, entrando em comunhão com as ideias do autor ou rejeitando-as.

Leia com cuidado o texto de Jean-Paul Sartre, extraído de sua obra *O Ser e o Nada*:

"É preciso fazer-nos ser o que somos. Mas então que somos nós, se temos a obrigação constante de fazermos de nós o que somos, se somos segundo o modo de ser do dever ser o que somos? Consideremos este garçom. Ele tem o gesto vivo e concentrado, um pouco preciso demais, um pouco rápido demais, e se aproxima dos fregueses com um passo um pouco ligeiro demais, inclina-se com um pouco de pressa; sua voz e seus olhos exprimem um interesse um pouco solícito demais para se pôr à disposição do freguês: enfim, ei-lo que retoma tentando imitar, no seu caminhar, o rigor inflexível de algum autômato, levando sua bandeja com uma espécie de temeridade bizarra, colocando-a num equilíbrio perpetuamente instável e perpetuamente rompido, mas que ele restabelece a cada vez com um leve toque do braço e da mão. Toda sua conduta nos parece uma representação. Ele se propõe a coordenar seus movimentos como se fossem mecanismos que se comandam uns aos outros; sua mímica e até sua voz parecem mecânicas e se realizam com a presteza e a rapidez impiedosa das coisas. Ele representa, ele se diverte. Mas que representa? Não é preciso observá-lo muito tempo para termos a explicação: representa ser garçom. Não há nisso nada que possa nos surpreender: a representação é uma espécie de descoberta e de investigação. A criança representa com seu corpo, a fim de explorá-lo, a fim de o inventariar, e o garçom representa sua condição a fim de realizá-la.

Esta obrigação não difere da que se impõe a todos os comerciantes; sua condição é toda cerimoniosa e o público espera que a realizem como uma cerimônia; existe a dança do caixeiro de armazém, do leiloeiro, pela qual eles se esforçam por persuadir sua clientela de que nada mais são do que um caixeiro de armazém, um leiloeiro, um alfaiate. Um caixeiro de armazém que sonha ofende ao comprador, posto que ele nada mais é do que um caixeiro de armazém. A polidez exige que ele se mantenha na sua função como o soldado que se transforma em coisa-soldado com um olhar direto, mas que nada vê, que não é feito para ver, posto que é o regulamento, e não o interesse do momento, que determina o ponto em que ele deve fixar (o olhar "fixado a dez passos"). Eis aí muitas das precauções para aprisionar o homem no que ele é. É como se vivêssemos no temor permanente de que ele não escapa, de que não ultrapassa, nem iludi completamente sua condição. Mas acontece que paralela e interiormente o garçom não pode ser imediatamente garçom, no mesmo sentido em que este tinteiro é tinteiro, em que o copo é copo. Não se trata absolutamente de que ele não possa formar juízos reflexivos ou conceitos sobre a sua condição. Ele bem sabe o que ela "significa": a obrigação de se levantar às cinco horas, de varrer o chão do balcão antes de abrir as portas, de pôr a cafeteira a funcionar etc. Ele conhece os direitos que sua condição comporta: o direito à gorjeta, os direitos sindicais etc. Mas todos esses conceitos, todos esses juízos reenviam ao transcendente. Trata-se de possibilidades abstratas, de direitos e de deveres conferidos a um "sujeito de direito". Trata-se precisamente deste sujeito que eu tenho de ser e que não sou."

Alguns conselhos para interpretar satisfatoriamente o texto de Sartre:

1. Faça o primeiro contato com o texto, lendo-o descontraidamente uma, duas, três vezes ou quantas vezes forem necessárias.

2. Assinale no texto as passagens ainda duvidosas. Assinale palavras cujo sentido ainda não domine. Não tenha preguiça de consultar o dicionário. Ele é o pai dos inteligentes e intelectuais. Qualquer palavra que não conheça, procure. Veja no texto se domina os termos: um pouco solícito, rigor inflexível de algum autômato, temeridade bizarra, equilíbrio perpetuamente instável e perpetuamente rompido, todos esses juizos reenviam ao transcendente.

3. Desvende o sentido das palavras, quando se encontrarem no sentido conotativo. Conotativo é o sentido que a palavra ganha no texto por força de comparações, figuras de linguagem. Veja no texto se lhe são claras as seguintes expressões:
"Existe a dança do caixeiro de armazém. .. (a dança) do leiloeiro... ."
"Um caixeiro de armazém que sonha ofende ao comprador... ."
"A polidez exige que ele se mantenha na sua função como o *soldado* que se transforma em *coisa-soldado*..."
"(Soldado) com um *olhar direto*, mas que nada vê. .. "
"Eis aí muitas das precauções para *aprisionar* o homem no que ele é."
   " ... tinteiro é tinteiro, ... copo é copo."

4. Pesquise outras fontes que se relacionem com o texto: biografia do autor, sua filosofia, o movimento intelectual em que está inserido. Mas note: não é para escrever um curso completo sobre o autor ou um tratado sobre seu pensamento. Só se expõe o conhecimento que tem relação com o texto que se vai explicar. Assim:
Jean-Paul Sartre nasceu em 1905 e faleceu em 1980. Professor ilustre, escreveu duas peças de teatro: As Moscas e Entre Quatro Paredes. O Ser e o Nada - de onde se extraiu o texto - fez dele o mais célebre escritor francês de seu tempo. Chefe da escola existencialista, expõe suas ideias com talento excepcional no romance Os Caminhos da Liberdade, no teatro - As Mãos Sujas, O Diabo e o Bom Deus - e no cinema - Os Dados Estão Lançados. Recusa o Prêmio Nobel com que é agraciado. Sartre é um moralista. Filósofo da liberdade heróica e da responsabilidade, defendeu com coragem o direito de todos os oprimidos.

5. Capte a mensagem do texto - que ainda não é o tema. A mensagem é o assunto, aquilo que se fala. A mensagem confunde-se com a paráfrase (paráfrase, como será visto no Capítulo 10, é o desenvolvimento do texto conservando-se as Ideias originais). Não se pode crer que a mera paráfrase, sem chegar ao tema, esgote a interpretação. Repetir o texto com outras palavras não é interpretar, mas um bom início para se chegar à essência. Assim:
O ideal seria que nós fôssemos aquilo que somos e não aquilo que os outros exigem que sejamos. O garçom, o caixeiro, o leiloeiro, o alfaiate, assim como todas as outras pessoas nas suas respectivas profissões, apenas desempenham o papel. Papel é uma resposta tipificada a uma expectativa tipificada. A sociedade predefiniu a tipologia de cada um deles. Ela proporciona o script para todos os personagens. Por conseguinte, o garçom, o leiloeiro, o alfaiate, o caixeiro assumem os papéis que lhes foram atribuídos. Contudo, uma mesa é uma mesa; o garçom é um homem que não nasceu garçom. Ele pensa, raciocina e sabe que tem de representar ser garçom, embora essencialmente não o seja.

6. Entusiasme-se pelas ideias. Sem dúvida, o amor à verdade faz o analista aproximar-se espiritualmente do texto. Procure descobrir a grandiosidade do pensamento que está criticando.
Não se trata aqui de proferir palavras ocas: que grande obra!, que pensamento magnífico!, que grande escritor! Palavras assim são próprias de quem não entendeu nada e cumpre seu papel social, segundo o qual é obrigado a entender. Quer-se dizer que o amor ao belo e à verdade leva a compreender melhor o texto. É um problema de sentimento, mas o espírito sensível também pode ser apurado.

7. Divida o texto em partes. É aconselhável, sempre que possível, encontrar no texto as etapas que o compõem. Facilita o trabalho e, por conseguinte, a compreensão. O texto de Sartre apresenta três partes bem notórias.

a) Uma ideia introdutória: "É preciso fazer-nos ser o que somos. Mas então que somos nós, se temos a obrigação constante de fazermos de nós o que somos, se somos segundo o modo de ser do dever ser o que somos?.
b) Exemplos para comprovar o que disse: desde "Consideremos este garçom" até "sujeito de direito".
c. Conclusão: "Sujeito que eu tenho de ser e que não sou".

8. Deve-se situar o texto no contexto. O texto de Sartre aqui citado foi extraído do livro O Ser e o Nada, publicado em 1944. Aí se encontra exposta a filosofia existencialista.

9. Interpreta-se bem um texto quando se ressaltam as palavras-chaves. No texto de Sartre: fazer-nos ser o que somos, que somos nós?, dever ser o que somos, tenho de ser, não sou.
É evidente que todas as palavras de um texto são importantes. Mas a concentração deve-se voltar para as palavras-chaves. A descrição dos gestos do garçom é importante. Porém, não é aí que está a essência do pensamento do autor. Buscar a palavra-chave e entender o que se escreveu é o verso e o reverso da mesma medalha.

10. Concluir. Na conclusão busca-se o tema, a razão última da mensagem. Sartre nos ensina que o existencialismo é uma filosofia da liberdade. Ninguém merece ser uma caneta ou um garçom, mas tornar-se homem. É fato que posso representar meu papel, refugiando-me em um personagem bem definido: professor, aluno, general, bispo, garçom. Mas apenas represento meu papel; não sou. A representação cerceia a liberdade. Em classe, eu represento ser aluno; em casa, filho; no banco faço papel de escriturário. Afinal, quem sou eu? O valor da vida é o sentido que cada homem escolhe para si mesmo, não o da representação. O próprio homem deve ser o criador de todos os valores.

Exercícios

Para os exercícios de **295** a **309** leia o texto de Voltaire, extraído de seu *Dicionário Filosófico*.

Sonhos

"Mas como é possível que, estando todos os sentidos mortos durante o sono, haja um outro, interno, que se mantém vivo? Como é que, não vendo os vossos olhos, não escutando os vossos ouvidos, vós podeis, no entanto, ver e ouvir em sonhos? O cão anda à caça em sonhos; ladra, segue a presa, ceva-se. O poeta faz versos enquanto dorme; o matemático vê figuras; o metafísico raciocina, bem ou mal; de tudo isto, há exemplos gritantes.

... Será a pura alma que, subtraída ao império dos sentidos, goza dos seus direitos em liberdade?

... Se a pura alma, tranquila durante o repouso dos sentidos, agindo por si só, é a causa única, o sujeito único de todas as ideias que tendes enquanto dormis, qual a razão por que todas essas ideias são quase sempre irregulares, irrazoáveis, incoerentes? Como! pois no momento em que essa alma se encontra menos perturbada é que há maior perturbação em todas as imaginações! Livre, enlouquece! Se houvesses nascido já com ideias metafísicas, como afirmaram tantos escritores que sonhavam de olhos abertos, as suas ideias puras e luminosas do ser, do infinito, de todos os princípios primeiros deveriam despertar nela com a maior das energias quando o corpo adormece: só em sonhos se conseguiria ser bom filósofo.

Qualquer que seja o sistema que perfilheis, quaisquer que sejam os vãos esforços que possais empreender para provardes a vós próprios que a memória agita o vosso cérebro e que o vosso cérebro agita a vossa alma, deveis convir em que todas as vossas ideias chegam a vós durante o sono, sem vós e mau grado vosso; a vossa vontade não intervém aí. É certo, portanto, que podeis pensar sete ou oito noites de seguida sem a menor vontade de pensar e até sem que estejais seguros de pensar. Pesai isto e tentai adivinhar em que consiste o composto do animal.

Os sonhos sempre foram um grande objeto de superstição. Nada mais natural! Um homem vivamente tocado pela doença da amante sonha que a vê moribunda; no dia seguinte, ela morre: logo, os deuses predisseram-lhe esta morte.
Um general sonha que ganha uma batalha; ganha-a, com efeito: logo, os deuses advertiram-no que seria vencedor.
Só atendemos os sonhos que se cumpriram; os outros, esquecem-se."

295. Releia o texto e faça um levantamento de todas as palavras que desconhece.

296. Pesquise outras fontes que se relacionem com o autor. Quem foi Voltaire? Qual seu pensamento? O que escreveu?

297. Faça uma paráfrase do texto. Diga em poucas linhas o que disse o autor.

298. Divida o texto em etapas quantas você julgue possuir.

299. Situe o texto no contexto. Procure investigar de que fala o *Dicionário Filosófico* de Voltaire.

300. Quais as palavras-chaves do texto?

301. "Mas como é possível que, estando todos os sentidos mortos durante o sono, haja um outro, interno, que se mantém vivo?".O autor pergunta. Ele responde à pergunta ou só questiona?

302. A essa pergunta seguem exemplos. Quais são eles?

303. "Será a pura alma que, subtraída ao império dos sentidos, goza dos seus direitos em liberdade?". O autor pergunta. Ele responde à pergunta ou só questiona?

304. Explique: a alma no sonho goza dos seus direitos em liberdade.

305. O autor parece duvidar que a alma no sonho saia do corpo. Qual seu argumento?

306. "Sonhavam de olhos abertos" é uma crítica aos escritores passados. Que crítica é essa?

307. "Só em sonhos se conseguiria ser bom filósofo". O autor acredita nisso ou usa de ironia?

308. "A vossa vontade não intervém aí (no sono)". O autor acredita nisso ou usa de ironia?

309. O autor explica por que os sonhos sempre foram grande objeto de superstição. Dê, com suas palavras, as razões que ele deu.

Texto para os exercícios de **310** a **324**.

O sonho e sua interpretaçao

"Os sonhos, do ponto de vista das realizações de desejos, podem se dividir em três categorias: temos, em primeiro lugar, o sonho que representa, sem despistamento, um desejo não reprimido. É o sonho de tipo infantil, que se torna cada vez mais raro à medida que a criança vai ficando mais velha. Em segundo lugar, temos um sonho que representa, simuladamente, um desejo reprimido. A maioria dos nossos sonhos é desse tipo, e é por isso que não podem ser compreendidos sem análise. Enfim, temos o sonho que exprime um desejo reprimido, mas que não o dissimula ou dissimula muito pouco. Este último sonho é sempre acompanhado de uma sensação de angústia que o força a se interromper e que parece ser bem equivalente ao trabalho de disfarce, uma vez que nos sonhos da segunda categoria é graças a este trabalho que a angústia

foi subtraída daquele que dorme. Seria fácil demonstrar que a situação do sonho que causa angústia não é outra coisa que um antigo desejo não realizado e há muito reprimido.
Dentre os sonhos inteligíveis, encontram-se aqueles cujo conteúdo é penoso e que, no entanto, não despertam naquele que dorme nenhum sentido de angústia. Não se pode colocá-los no plano dos sonhos angustiantes, e eles servem de argumentos aos que querem negar toda significação e todo valor às manifestações do sonho. Bastar-nos-á um exemplo para mostrar que esses sonhos nada mais são do que realizações veladas de desejos reprimidos e que pertencem claramente à segunda categoria. Nós, aí, veremos também com que arte engenhosa o trabalho de substituição se propõe a camuflar o desejo.
Uma jovem sonha que o segundo filho de sua irmã acaba de morrer e que ela se encontra diante do caixão, exatamente como se encontrara alguns anos antes diante do caixão do primeiro filho da mesma família. Este espetáculo não lhe inspira o menor desgosto.
A jovem se recusa naturalmente a ver alguém interpretar seu sonho no sentido de um desejo secreto. Outra não é, no entanto, nossa interpretação. Mas ocorre que junto ao caixão da primeira criança ela se encontrara com o homem que ama; conversara com ele e, depois deste momento, nunca mais voltou a vê-lo. Ninguém duvida que, se a segunda criança morresse, ela reencontraria este homem na casa de sua irmã. Ela se revolta contra esta hipótese, mas deseja ardentemente sua consequência: o reencontro do homem amado. E, no dia que precedeu ao sonho, ela recebera um convite para uma conferência onde esperava vê-lo. O sonho é então um simples sonho de impaciência, como acontece antes de uma viagem, antes de uma ida ao teatro, ou na espera de qualquer prazer."
Freud

310. Releia o texto e faça um levantamento de todas as palavras que desconhece. Busque-as no dicionário. Atente para o sentido preciso que a palavra ganha no texto.

311. Pesquise outras fontes que se relacionem com o autor. Quem foi Freud? O que descobriu? O que escreveu?

312. Faça uma paráfrase do texto. Diga em poucas linhas e com suas palavras o que disse o autor.

313. Divida o texto em tantas etapas quanto você julgue que ele possua.

314. Situe o texto no contexto. De que obra deve ter sido extraído? Qual o propósito da obra?

315. Destaque as palavras-chaves.

316. Conclua. O autor nos ensina que o sonho é a realização de desejos e que são três as categorias dele. Sintetize as ideias básicas do autor.

317. Voltaire pergunta: "Mas como é possível que, estando todos os sentidos mortos durante o sono, haja um outro, interno, que se mantém vivo?". O que Freud responderia a Voltaire?

318. Voltaire pergunta: "Será a pura alma que, subtraída ao império dos sentidos, goza dos seus direitos em liberdade?". Responda a Voltaire como se você fosse Freud.

319. Freud afirma: "Enfim, temos o sonho que exprime um desejo reprimido, mas que não o dissimula ou dissimula muito pouco. Este último sonho é sempre acompanhado de uma sensação de angústia...". Esta afirmação responde a uma pergunta de Voltaire. Qual?

320. Afirma Voltaire: "A vossa vontade não intervém no sono". Freud concorda com ele? Por quê?

321. Freud acredita na superstição de que o sonho se vê cercado?

322. E Voltaire?

323. "Um general sonha que ganha uma batalha; ganha-a com efeito". Como Freud explicaria o fenômeno?

324. Dos dois, Voltaire e Freud, qual se aprofundou cientificamente nos fenômenos oníricos? Por quê?

8
Escolas literárias

Renascimento
O Homem, Centro do Universo (século XVI)

Época Medieval do Século XII ao Século XV	Renascimento Século XVI
Deus – teocentrismo	O homem – antropocentrismo
O latim a serviço da fé	O latim a serviço da beleza estética
Submissão à ordem estabelecida por Deus no Universo	Orgulhoso espírito de independência
Exaltação das faculdades do espírito	Exaltação das faculdades humanas
Sobreposição da vida eterna à terrena	Sobreposição da vida terrena à eterna
Cristianismo	Semipaganismo
Apego aos ensinamentos ditados pela fé	Curiosidade científica
O Evangelho é modelo de vida e arte	O modelo de vida e arte é a natureza
Predomínio do sentimento sobre a razão	Predomínio da razão sobre o sentimento
Infantilidade das formas	A sujeição a regras de conteúdo e forma
Vontade de salvação celestial	Vontade de glória e fama terrenas
Santos cristãos	Mitologia
Simplismo	Clareza
Submissão à vontade da Igreja e do senhor feudal.	Autoridade intelectual para aconselhar a Igreja e os reis.

A) Caracterizam o Renascimento:

1. Humanismo: valorização da vida humana.
2. Antiguidade: volta à cultura greco-latina
3. Universalidade: preocupação com a terra e o mar
4. Classicismo: imitação da estética grego-latina
5. Racionalismo: predomínio da razão sobre o sentimento

B) O autor de maior destaque do Renascimento português é Luís Vaz de Camões, que escreveu o poema épico *Os Lusíadas*, além de uma representativa obra lírica.

Os Lusíadas:
  a) Seu assunto é a viagem de Vasco da Gama e seu tema é a exaltação do povo português.
  b) Estrutura do poema (o algarismo romano indica o número do canto, e os arábicos, os números das estrofes):

I - Proposição I / 1 a 3 – exposição do assunto que vai glorificar
II - Invocação I/4 e 5 – às Ninfas do Tejo, para que lhe deem "um som alto e sublimado"
III - Dedicatória I/6 a 18 – ao infante D. Sebastião, futuro rei de Portugal
IV - Narração – desde I/19 até X/144 – a viagem de Vasco da Gama para as Índias e, em paralelo, a história de Portugal
V - Epílogo – X/145 até o final – lamentosa e pungente censura à decadência do país

C) O século XVI no Brasil

1. Literatura informativa
  a) A carta de Pero Vaz de Caminha
  b) *O Tratado da Terra do Brasil*, de Pedro Magalhães Gândavo

2. Literatura de catequese
  a) *Diálogo sobre a Conversão do Gentio*, de padre Manuel da Nóbrega

b) Anchieta: escreveu, entre outros, o auto *Na Festa de São Lourenço* e o poema *De Beata Virgine Dei Matre Maria*

De quantas graças tinha, a Natureza
Fez um belo e riquíssimo tesouro,
E com rubis e rosas, neve e ouro,
Formou sublime e angélica beleza.

Pôs na boca os rubis, e na pureza
Do belo rosto as rosas, por quem mouro;
No cabelo o valor do metal louro;
No peito a neve em que a alma tenho acesa.

Mas nos olhos mostrou quanto podia
E fez deles um sol, onde se apura
A luz mais clara que a do claro dia.

Enfim, Senhora, em vossa compostura
Ela a apurar chegou quanto sabia
De ouro, rosas, rubis, neve e luz pura.
Luís Vaz de Camões - "Classicismo"

Barroco
O homem em Conflito (século XVII)

A) Momento histórico em que surgiu o Barroco:
1. Fundação da Companhia de Jesus
2. As decisões do Concílio de Trento
3. A Contra-Reforma
4. A Santa Inquisição

B) Características principais do estilo barroco:
1. Cultismo: modo de escrever em que se usam jogos de palavras, imagens e de construção.

a) Jogo de palavras: uso e abuso de trocadilhos, e de palavras com sons e pronúncias semelhantes, porém de significado diferente.
b) Jogo de imagens: uso e abuso das figuras de linguagem, principalmente metáfora, antítese e paradoxo.
c) Jogo de construção frásica.

2. Conceptismo: uso do silogismo, processo racional de se demonstrar uma asserção. Lança-se a premissa maior, seguida da demonstração de que é verdadeira; segue-se a premissa menor, também com a mesma preocupação em se provar sua veracidade; no final, a conclusão, ainda que extravagante ou paradoxal.

3. Aparece no Barroco uma preocupação constante com a morte, tal qual na Idade Média; há a tentativa de fazer o homem trilhar os caminhos cristãos; surge o gosto pela tragédia, pelo sangrento e pelo grandioso.

C) Principais autores do Barroco português:
1. Rodrigues Lobo
2. Francisco Manuel de Melo
3. Padre Antônio Vieira
4. Padre Manuel Bernardes

D) Principais autores do Barroco brasileiro:
1. Bento Teixeira
2. Botelho de Oliveira
3. Gregório de Matos

Renascimento Século XVI	Barroco - Século XVII
O homem é guiado pela ciência	O homem é conduzido pela fé
Antropocentrismo	Teocentrismo
Equilíbrio e moderação	Exuberância e extravagância
Volta à cultura greco-latina	Volta à cultura medieval
Racionalismo	Paradoxo e contra-senso
Exaltação vital	Depressão vital
Texto propositadamente claro	Texto propositadamente hermético
Universalismo	Marinismo, Gongorismo, Cultismo, Conceptismo, Preciosismo, Eufuísmo
O homem conduz o destino das nações	O destino das nações é conduzido por Deus
O corpo, a terra e o mar	A alma, o céu e a salvação eterna

Fermoso Tejo meu, quão diferente
Te vejo e vi, me vês agora e viste:
Turvo te vejo a ti, tu a mim triste,
Claro te vi eu já, tu a mim contente.

A ti foi-te trocando a grossa enchente
A quem teu largo campo não resiste;
A mim trocou-me a vista em que consiste
O meu viver contente ou descontente.

Já que somos no mal participantes,
Sejamo-lo no bem. Oh! Quem me dera
Que fôramos em tudo semelhantes!

Mas lá virá a fresca primavera;
Tu tornarás a ser quem eras de antes,
Eu não sei se serei quem de antes era.

Rodrigues Lobo (1580 - 1622) - (do Barroco Português)

Arcadismo
O Homem em Equilíbrio - (Século XVII)

A) O século XVIII é o século da razão.
1. Surgem importantes descobrimentos científicos
2. O ambiente intelectual é denominado pelo Iluminismo, que pode ser assim resumido:
   a) A razão é o único guia infalível da sabedoria.
   b) A ordem natural não comporta milagres ou qualquer forma de intervenção divina.
   c) Não existe pecado original. O homem não é congenitamente depravado.

B) São, portanto, características do Arcadismo:
1. Retorno ao mundo greco-romano e, por conseguinte, ao mundo de Camões.
2. Busca da perfeição da forma.
3. Predomínio da razão e da ciência, negando a fé e a religiosidade.
4. A poesia deve voltar-se para a natureza, que é onde residem a beleza, a pureza e a naturalidade. Daí a poesia árcade ser pastoril, ingênua, inocente e bucólica.

C) Principais autores do Arcadismo português:
1. Luís Antônio Verney: escreveu *Verdadeiro Método de Estudar*, obra de caráter pedagógico em que fala sobre a maneira pela qual se deve cientificamente encarar um tema.
2. Correia Garção

3. Filinto Elísio (pseudônimo do padre Francisco Manuel do Nascimento).
4. Manuel Maria Barbosa du Bocage (seu pseudônimo árcade era Elmano Sadino): pré-romântico, sua principal criatividade reside nos sonetos.

D) Os principais poetas do Arcadismo brasileiros são:
1. Cláudio Manuel da Costa: o maior sonetista neoclássico brasileiro, com influência bastante acentuada de Camões, inaugurou o Arcadismo no Brasil com *Obras*, publicado em 1768. Seu pseudônimo árcade era Glauceste Satúrnio.
2. Tomás Antônio Gonzaga: escreveu *Liras*, com características pré-românticas, e *Cartas Chilenas*, sátira contundente contra as arbitrariedades praticadas pelo governador Luís da Cunha Meneses. Dirceu era seu pseudônimo árcade.
3. Basílio da Gama: escreveu o poema épico *O Uraguai*, que trata da guerra que portugueses e espanhóis moveram contra indígenas e jesuítas em Sete Povos das Missões, no Uruguai, em 1759.
4. Santa Rita Durão: escreveu o poema épico *Caramuru*, que fala dos acontecimentos lendários-históricos do naufrágio, salvamento e aventuras de Diogo Álvares Correia, o Caramuru.

Barroco - Século XVII	Arcadismo - Século XVIII
Formas rebuscadas	Retorno ao equilíbrio
Volta à Idade Média	Volta ao Renascimento
Parte em busca de originalidade	Demasiada sujeição às leis clássicas
Autêntico, ainda que paradoxal	Inautêntico, ainda que racional
O homem nasce com o pecado original (a igreja)	O homem nasce bom; a sociedade é que o corrompe (Rousseau)
Todo conhecimento vem de Deus	Todo conhecimento vem da experiência e da reflexão
O Direito Natural tem em Deus a sua fonte	O Direito Natural é inerente à natureza humana
A vinda dos jesuítas ao Brasil	O Marquês de Pombal expulsa os jesuítas do Brasil
Sentido nacionalista nas artes	Afrancesamento da vida, arte e cultura
A arte está associada ao pensamento do autor	A arte está divorciada do pensamento do autor
Celeste, espiritual, místico	Campestre, pastoril, bucólico

Olha, Marília, as flautas dos pastores,
Que bem que soam, como estão cadentes!
Olha o Tejo a sorrir-se! Olha, não sentes
Os Zéfiros brincar por entre as flores?

Vê como ali, beijando-se, os Amores
Incitam nossos ósculos ardentes!
Ei-las de planta em planta as inocentes,
As vagas borboletas de mil cores!

Naquele arbusto o rouxinol suspira;
Ora nas folhas a abelhinha para,
Ora nos ares, sussurrando, gira.

Que alegre campo! Que manhã tão clara!
Mas ah! Tudo o que vês, se eu te não vira,
Mais tristeza que a noite me causara.
Bocage

Romantismo
O Culto do Eu (primeira metade do século XIX)

A) O Romantismo surgiu na Europa numa época em que o clima do ambiente intelectual era de rebeldia; na política, caíam os sistemas de governo despótico e surgia o liberalismo; no campo social imperava o inconformismo, e no campo artístico, o repúdio às regras. A Revolução Francesa é o clímax desse século de oposição.

B) As primeiras manifestações do movimento romântico surgiram na Inglaterra e Alemanha com, respectivamente, Thompson e Walter Scotte, Goethe e Novalis.

C) Características do Romantismo
1. Reação contra Classicismo
2. Transplantação integral do ego do artista
3. Sentimentalismo
4. Amor à natureza
5. Retomada de assuntos da Idade Média
6. Lirismo
7. Ilogismo
8. Senso de mistério
9. Escapismo
10. Subjetivismo e sonho
11. Exagero
12. Reformismo
13. Nacionalismo
14. Idealização da mulher
15. Gosto pelo noturno

D) Autores romântico portugueses

1. Garrett: introduziu o Romantismo em Portugal com a publicação de seu poema *Camões*.
2. Alexandre Herculano: destaca-se pelo espírito histórico que caracteriza a maior parte de sua obra.
3. Castilho
4. Camilo Castelo Branco: escreveu, entre outros, os romances *Amor de Perdição*, *Amor de Salvação* e *Eusébio Macário*.
5. Júlio Dinis: precursor do Realismo português, seu romance mais conhecido é *As Pupilas do Senhor Reitor*.

E) A poesia romântica brasileira desenvolveu-se em três gerações distintas

1. Geração nacionalista, representada por:
    a) Gonçalves de Magalhães: introdutor do Romantismo no Brasil com a publicação do livro Suspiros Poéticos e Saudades.
    b) Gonçalves Dias: o mais significativo poeta romântico brasileiro e o primeiro de nossos grandes poetas.
2. Geração byroniana, representada por:
    a) Álvares de Azevedo: fazia parte da Sociedade Epicureia, destinada a repetir no Brasil a existência boêmia. Seus melhores poemas encontram-se na Lira dos Vinte Anos.
    b) Junqueira Freire: escreveu Inspirações do Claustro e Contradições Poéticas.
    c) Casimiro de Abreu: escreveu As Primaveras (poesia) e Camões e o Jau (teatro).
    d) Fagundes Varela: embora byroniano, sua poesia já apresenta algumas características da terceira geração de poetas românticos – a condoreira.
3. Geração condoreira, representada por:
    a) Castro Alves: o mais expressivo representante dessa geração, escreveu, entrou outros, Espumas Flutuantes.
    b) Tobias Barreto.

F) Autores do romance romântico brasileiro

1. Macedo: iniciou nossa prosa de ficção romântica com a publicação de seu livro *A Moreninha*.
2. José de Alencar: escreveu romances indianistas (como *Iracema*), históricos (como *As Minas de Prata*), regionalistas (como *O Tronco do Ipê*) e urbanos (como *Senhora*).
3. Manuel Antônio de Almeida: seu único romance é *Memórias de um Sargento de Milícias*.
4. Bernardo Guimarães: considerado fundador do regionalismo brasileiro, A *Escrava Isaura* é a mais conhecida de suas obras.
5. Franklin Távora: sua obra de importância é *O Cabeleira*.
6. Visconde de Taunay: sua obra de importância é *Inocência*.

Arcadismo Século XVIII	Romantismo Primeira Metade do Século XIX
A razão, inteligência	O coração, a sensibilidade
Objetivismo – ciência	Subjetivismo – fantasia
Temas pagãos e greco-latinos	Temas cristãos e nacionais
Retorno à cultura greco-latina	Retorno à cultura medieval
A arte é aristocrática	A democratização da arte
Arte feita para a elite	Arte feita para o povo
Imitação de imitações	Originalidade
Rigor formal	Liberdade criadora
O geral, o universal	O particular, o individual
O heroísmo	Melancolia
Mitologia	Cristianismo
O universo é "ele"	O universo sou "eu"
Prevalecem a sinédoque e a metonímia	Prevalecem as metáforas
Expressão do perfeito e sereno	Expressão do irracional e exuberante

O Navio Negreiro – Castro Alves

I
Senhor Deus dos desgraçados!
Dizei-me vós, Senhor Deus!
Se é loucura... se é verdade
Tanto horror perante os céus...
Ó mar! por que não apagas
Co'a esponja de tuas vagas
De teu manto este borrão?...
Astros! noite! tempestades!
Rolai das imensidades!
Varrei os mares, tufão!

II
Quem são estes desgraçados,
Que não encontram em vós,
Mais que o rir calmo da turba
Que excita a fúria do algoz?
Quem são?...
Se a estrela se cala,
Se a vaga à pressa resvala
Como um cúmplice fugaz,
Perante a noite confusa...
Dize-o tu, severa musa!
Musa libérrima, audaz!

III
São os filhos do deserto
Onde a terra esposa a luz.
A tribo dos homens nus...
São os guerreiros ousados,
Que com os tigres mosqueados
Combatem na solidão...
Homens simples, fortes, bravos...

Hoje míseros escravos
Sem ar, sem luz, sem razão...

IV
São mulheres desgraçadas
Como Agar o foi também,
Onde voa em campo aberto
Que sedentas, alquebradas,
De longe... bem longe vêm...
Trazendo com tíbios passos,
Filhos e algemas nos braços,
N'alma – lágrimas e fel.
Como Agar sofrendo tanto
Que nem o leite do pranto
Tem que dar para Ismael...

V
Lá nas areias infindas,
Das palmeiras no país,
Viveram – moças gentis...
Passa um dia a caravana
Quando a virgem na cabana
Cisma da noite nos véus...
... Adeus! ó choça do monte...
... Adeus! palmeiras da fonte!...
... Adeus! amores... adeus!...

VI
Depois o areal extenso...
Depois o oceano de pó...
Nasceram – crianças lindas,
Depois no horizonte imenso
Desertos... desertos só...

E a fome, o cansaço, a sede...
Ai! quanto infeliz que cede,
E cai p'ra não mais s'erguer!...
Vaga um lugar na cadeia,
Mas o chacal sobre a areia
Acha um corpo que roer

VII
Ontem a Serra Leoa,
A guerra, a caça ao Leão.
O sono dormido à toa
Sob as tendas d'amplidão...
Hoje... o porão negro, fundo,
Infecto, apertado, imundo,
Tendo a peste por jaguar...
E o sono sempre cortado
Pelo arranco de um finado,
E o baque de um corpo ao mar...

VIII
Ontem plena liberdade,
A vontade por poder...
Hoje... cum'lo de maldade
Nem são livres p'ra... morrer...
Prende-os a mesma corrente
— Férrea, lúgubre serpente —
Nas roscas da escravidão.
E assim roubados à morte,
Dança a lúgubre coorte
Ao som do açoite... Irrisão!...

IX
Senhor Deus dos desgraçados!
Dizei-me vós, Senhor Deus!
Se eu deliro... ou se é verdade
Tanto horror perante os céus...
Ó mar, por que não apagas
Co'a esponja de tuas vagas
Do teu manto este borrão?...
Astros! noite! Tempestades!
Rolai das imensidades!
Varrei os mares, tufão!...

Realismo
O Culto do Não-Eu: Impessoalidade (segunda metade do século XIX)

A) A segunda metade do século XIX é dominada pelo progresso científico. A literatura, então, passa a buscar a realidade autêntica, sem fantasia ou rodeio.

B) São, portanto, características do Realismo:
1. Concepção impessoal e objetiva da realidade
2. Retratar apenas a vida presente
3. Escrever com clareza e harmonia, observando a correção gramatical, retratando fielmente os personagens e usando uma linguagem próxima da realidade

C) Quanto ao Naturalismo, podemos dizer que é uma espécie do Realismo, é o Realismo levado ao extremo.
O naturalismo difere do Realismo por:
  a) apresentar uma visão *patológica* do homem (Realismo: visão biológica)
  b) ser amoral

D) O Parnasianismo é o Realismo na poesia. Tem por características:

1. Obsessão formal
2. Perfeccionismo na construção do poema
3. Riqueza de vocabulário
4. Controle emocional
5. Descritivismo
6. Atitude de observação
7. Precisão, clareza e objetividade

E) O Realismo em Portugal

1. O início desse período literário foi marcado pela Questão Coimbrã: em 1865, Pinheiro Chagas publicou o *Poema da Mocidade*. Castilho apadrinhou a obra com um prefácio onde adverte os jovens do perigo da nova mentalidade. Antero de Quental, num opúsculo intitulado *Bom-Senso e Bom Gosto*, reage, negando em Castilho bom-senso, bom gosto e experiência.

2. Principais autores do Realismo português
   a) Antero de Quental: protagonista da Questão Coimbrã, é um dos maiores sonetistas da língua portuguesa. Sua obra poética é dividida em cinco fases.
   b) Eça de Queirós: escritor de linguagem impecável, de construções lapidares, é um dos maiores, senão o maior, romancistas portugueses. Obras mais importantes:

I - Primo Basílio
II - A Relíquia
III - Os Maias
IV - A Ilustre Casa de Ramires
V - A Cidade e as Serras
VI - Correspondência de Fradique Mendes
VII - O Crime do Padre Amaro

F) O Realismo no Brasil

1. Os grandes expoentes do Parnasianismo brasileiro são:
    a) Olavo Bilac: de imaginação muito fértil, dono de uma linguagem castiça e mestre da forma impecável, foi aclamado "Príncipe dos Poetas Brasileiros".
    b) Raimundo Correia: sua poesia é filosófica e moralista.
    c) Alberto de Oliveira: considerando o mais parnasiano de nossos poetas.

2. Principais autores da nossa prosa realista:
    a) Machado de Assis: sua obra é dividida em duas fases. Da primeira fase são as obras em prosa: *Ressurreição, A Mão e a Luva, Helena, Iaiá Garcia, Contos Fluminenses e Histórias da Meia-Noite*, além de livros de poesias e peças teatrais. Da segunda fase são os romances *Memórias Póstumas de Brás Cubas, Quincas Borba, Dom Casmurro, Esaú e Jacó e Memorial de Aires*.
    b) Raul Pompeia: sua obra mais importante é *O Ateneu*.

3. Principais autores da nossa prosa naturalista
    a) Aluísio de Azedo: Introduziu o Naturalismo no Brasil com sua obra *O Mulato*. É o autor de *Casa de Pensão, O Cortiço, o Homem, O Coruja*.
    b) Júlio Ribeiro: sua obra mais importância é *A Carne*.
    c) Inglês de Souza: sua obra de importância é *O Missionário*.

Romantismo	Realismo
Primeira Metade do Século XIX	Segunda Metade do Século XIX
Sentimentalismo doentio	Observação impessoal
Idealismo aéreo	Idealismo reformador
Olhos no passado	Olhos no presente
Cristianismo	Panteísmo
Supremacia da imaginação	Supremacia da verdade física

Espiritualismo	Materialismo otimista
Subjetivismo	Objetividade
A óptica do eu	Exatidão e veracidade
Temas nacionais e regionais	Temas cosmopolitas
Fantasia e imaginação criadora	Documentação da realidade
Arrebatamento de ideias	Análise, reflexão, observação
Religiosidade	Espírito Científico
Monarquia	República
A história	A atualidade
Heróis extraordinários: Peri	Gente vulgar: João Romão
O mundo é como eu vejo	O mundo é como ele é

Óbito do Autor

"Algum tempo hesitei se devia abrir estas memórias pelo princípio ou pelo fim, isto é, se poria em primeiro lugar o meu nascimento ou a minha morte.
Suposto o uso vulgar seja começar pelo nascimento, duas considerações me levaram a adotar diferente método: a primeira é que eu não sou propriamente um autor defunto, mas um defunto autor, para quem a campa foi outro berço; a segunda é que o escrito ficaria assim mais galante e mais novo. Moisés, que também contou a sua morte, não a pôs no introito, mas no cabo: diferença radical entre este livro e o Pentateuco.

Dito isto, expirei às duas horas da tarde de uma sexta-feira do mês de agosto de 1869, na minha bela chácara de Catumbi. Tinha uns sessenta e quatro anos, rijos e prósperos, era solteiro, possuía cerca de trezentos contos e fui acompanhado ao cemitério por onze amigos. Onze amigos! Verdade é que não houve cartas nem anúncios. Acresce que chovia - peneirava - uma chuvinha miúda, triste e constante, tão constante e tão triste, que levou um daqueles fiéis da última hora a intercalar esta engenhosa ideia no discurso que proferiu à beira de minha cova: - *"Vós, que o conhecestes, meus senhores, vós podeis dizer comigo que a natureza parece estar chorando a perda irreparável de um dos mais belos caracteres que tem honrado a humanidade. Este ar sombrio, estas gotas do céu, aquelas nuvens escuras que cobrem o azul como um crepe funéreo, tudo isso é a dor crua e má que lhe rói à natureza as mais íntimas entranhas; tudo isso é um sublime louvor ao nosso ilustre finado."*

Machado de Assis

Romantismo	Parnasianismo
Poesia popular	Poesia aristocrática
A arte possibilita evasão	A arte é luxo
Negligência formal	Rigor formal
Cristianismo	Panteísmo
O poeta lamenta	O poeta descreve
Volta à Idade Média	Volta à cultura clássica
Poema feito para o povo	O povo não o entende
Poema confidencial	Poema frio
Deísmo	Positivismo
Exaltação pessoal	Impassividade
Envolvimento	Afastamento
Liberdade de escolha	Preferência pelo soneto
Culto do eu	Aniquilamento do eu
A beleza do poema está no conteúdo	A beleza do poema está na forma

As Pombas

Vai-se a primeira pomba despertada...
Vai-se outra mais... mais outra... enfim dezenas
De pombas vão-se dos pombais, apenas
Raia sanguínea e fresca a madrugada

E à tarde, quando a rígida nortada
Sopra, aos pombais, de novo, elas, serenas
Ruflando as asas, sacudindo as penas,
Voltam todas em bando e em revoada...

Também dos corações onde abotoam,
Os sonhos, um por um, céleres voam
Como voam as pombas dos pombais;

No azul da adolescência as asas soltam,
Fogem... Mas aos pombais as pombas voltam
E eles aos corações não voltam mais...

Raimundo Correia

Realismo	Naturalismo
O autor observa	O autor experimenta
Realismo é o gênero	Naturalismo é a espécie
A arte desinteressada	Profunda preocupação social
Machado de Assis	Aluísio de Azevedo
Preocupação com o estilo	Preocupação com a vida
Tendência em retratar a realidade interior	Tendência em retratar a realidade exterior
Acúmulo de dados para dar a impressão de vida real	Fala de experiências que só a ciência poderia realizar
Romance psicológico	Romance biológico

O Palácio da Ventura

Sonho que sou um cavaleiro andante.
Por deserto, por sóis, por noite escura,
Paladino do amor, busco anelante
O palácio encantado da Ventura!

Mas já desmaio, exausto e vacilante,
Quebrada a espada já, rota a armadura...
E eis que súbito o avisto, fulgurante
Na sua pompa e aérea formosura!

Com grandes golpes bato à porta e brado:
Eu sou o Vagabundo, o Deserdado...
Abri-vos, portas d'ouro, ante meus ais!

Abrem-se as portas d'ouro, com fragor...
Mas dentro encontro só, cheio de dor,
Silêncio e escuridão – e nada mais!

Antero de Quental

Simbolismo

A Literatura Aproxima-se da Música (final do século XIX, começo do século XX)

A) O Simbolismo surgiu na França em reação ao Parnasianismo. É, portanto, antinaturalista, antipositivista, antirracionalista e anticlassicista.

B) São características do Simbolismo:
1. Uso de símbolo
2. Linguagem musical
3. Conteúdo relacionado com o espírito, o místico e o subconsciente

4. Textos onde predominam o íntimo, a intuição e a fantasia
5. Linguagem exótica, com o predomínio de som e colorido
6. Sinestesia – cruzamento de sensações provenientes de sentidos diferentes

C) O Simbolismo em Portugal
1. Em 1889, com o lançamento das revistas *Os Insubmissos* e *Boêmia Nova*, surge o Simbolismo em Portugal.

2. Principais simbolistas portugueses
   a) Eugênio de Castro: é o seu primeiro livro publicado dentro das novas tendências, em 1890 – *Oaristos*.
   b) Camilo Pessanha: escreveu o livro *Clépsidra*.
   c) Antônio Nobre

D) O Simbolismo no Brasil
Autores principais
   a) Cruz e Sousa: inaugurou o movimento simbolista no Brasil com a publicação, em 1893, dos livros *Missal e Bronquéis*.
   b) Alphonsus de Guimaraens

Parnasianismo	Simbolismo
Segunda Metade do Século XIX	Fim do Século XIX, Começo do Século XX
Exterioridade. Culto da Natureza	Interioridade. Culto do Sonho
Cientificismo	Biblicismo
Ideias claras, precisas, exatas	Ideias desconexas, envoltas em sombra, em névoa
Poema endereçado à razão	Poema endereçado à emoção
Aproxima-se da pintura	Aproxima-se da música
O poema desenha seres e coisas aos olhos	O poema sugere, através do som, sensações ao inconsciente
Volta à cultura clássica	Volta ao Romantismo
Ideia clara	Ideia nebulosa
Predomínio das rimas ricas	Rimas elaboradas em nome da música
Augusto Comte	Freud
O panteísmo	A Psicanálise
Concentra em si o formalismo poético do passado	Contém o germe de todo o movimento de vanguarda

Cárcere das Almas

Ah! Toda a alma num cárcere anda presa,
Soluçando nas trevas, entre as grades
Do calabouço olhando imensidades,
mares, estrelas, tardes, natureza.

Tudo se veste de uma igual grandeza
Quando a alma entre grilhões as liberdades
Sonha e sonhando, as imortalidades
Rasga no etéreo Espaço da Pureza.

Ó almas presas, mudas e fechadas
Nas prisões colossais e abandonadas
Da dor no calabouço atroz, funéreo!

Nesses silêncios solitários, graves,
Que chaveiro do céu possui as chaves
para abrir-vos as portas do Mistério?!
Cruz e Sousa

Primeira fase do Modernismo
Síntese de Todos os Movimentos: Libertação (século XX, até 1930)

A) No começo do século, a efervescência caótica do ambiente intelectual europeu resulta na multiplicidade de movimentos de ruptura que então aparecem:

1. Cubismo: procura da essência pura das formas, nasceu em 1907 com Picasso.

2. Futurismo: integração no mundo da técnica e do progresso, surgiu em 1909 com Marinetti.

3. Dadaísmo: apelo ao subconsciente, surgiu em 1916 com Tristan Tzara.

4. Surrealismo: desprezo por tudo que é real e ativação sistemática do inconsciente, do irracional, do sonho. Esse movimento originou-se em 1924 com André Breton.

5. Expressionismo: expressão da realidade tal como é vivida, retratando toda a verdade da alma. Surgiu em 1911.

B) Esses movimentos rebeldes também repercutem em Portugal e no Brasil, conde o Modernismo emerge como um movimento contra os tabus, o academismo, o elitismo, a estética que a França ditava, a repressão ideológica dominante.

C) O Modernismo da primeira fase caracteriza-se por:
1. Usar quaisquer palavras na elaboração de um texto literário (não há palavras que por si só poéticas, todas devem servir ao lirismo).
2. Utilizar-se da sintaxe de exceção.
3. Romper com a rima, o metro e o ritmo tradicionais.
4. Utilizar-se do poema-piada, poema-humor, poema-ironia, paródia, agressão aos costumes, agressão aos burgueses, sarcasmos, irreverência, poesia-telegrama.

D) Nesta fase, destacam-se no Modernismo português:
1. Teixeira de Pascoaes: a rigor, foi precursor do movimento.
2. Fernando Pessoa: maior poeta do Modernismo, escreveu sob três heterônimos – Alberto Caieiro, Ricardo Reis e Álvaro de Campos – além de assinar poesias com seu próprio nome.
3. Mário de Sá-Carneiro: sua obra revela o homem que foi – neurótico, morbidamente sensível, desesperado e inadaptável à vida. Escreveu, entre outros, A Confissão de Lúcio e Céu em Fogo.
4. Almada-Negreiros: difundiu em Portugal os "ismos" europeus.
5. Florbela Espanca: sonetista de primeira linha, encontra-se no mesmo nível de Camões, Bocage e Antero de Quental.

E) No Brasil, a Semana de Arte Moderna realizada em São Paulo, em 1922, foi o ponto a partir do qual se desenvolveram grupos e autores ligados à realidade cultural.

F) Os autores do Modernismo da primeira fase no Brasil são:
1. Mário de Andrade: mentor intelectual da "Semana", em 1922 lançou o livro de poesias considerado marco inicial do Modernismo, Pauliceia desvairada. É autor dos romances *Amar, Verbo Intransitivo* e *Macunaíma*, além de outros livros de poesias, contos e ensaios.
2. Oswald de Andrade: suas obras principais são O Rei da Vela (teatro de temática sócio-política), Memórias Sentimentais de João Miramar e Serafim Ponte Grande (romances mergulhados de todo nos ideais do Modernismo).

3. Manuel Bandeira: sua poesia evoluiu como o próprio Modernismo. É autor de poemas famosos como "Pneumotórax", "Irene no Céu" e "Vou-me Embora pra Pasárgada".

Realismo/Parnasianismo Segunda Metade do Século XIX	Modernismo Século XX
Absoluta Clareza	Hermetismo
A semelhança entre o plano real e o evocado parte sempre de uma condição objetiva	A imagem apoia-se no sentimento do autor
Darwin explica o nascimento do homem	Freud desmascara o homem
A vida é previsível: é regida pelo mecanicismo	A vida é imprevisível: nada a rege
O desenvolvimento científico	O desenvolvimento tecnológico
Rigor formal	Liberdade formal
Ação e enredo	Estados mentais
Assuntos universais	Assuntos específicos
Versos construídos com orações	Versos feitos de palavras
Linguagem castiça	Linguagem cotidiana
A ordem indireta	A ordem direta
"Imito o ouvires quando escrevo"	"Estou farto do lirismo comedido"
"Trabalha, e teima, e lima, e sofre e sua" (Bilac)	"Crie o teu ritmo livremente" (Ronald de Carvalho)
Seriedade	Valorização do prosaico e do bom-humor

O Infante

Deus quer, o homem sonha, a obra nasce.
Deus quis que a terra fosse toda uma.
Que o mar unisse, já não separasse.
Sagrou-te, e foste desvendando a espuma.

E a orla branca foi de ilha em continente.
Clareou, correndo, até o fim do mundo,
E viu-se a terra inteira, de repente,
Surgir, redonda, do azul profundo.

Quem te sagrou criou-te português.
Do mar e nós em ti nos deu sinal.
Cumpriu-se o mar, e o Império se desfez.
Senhor, falta cumprir-se Portugal!

Fernando Pessoa

Segunda fase do Modernismo

**A Fase da Estabilização das Conquistas Modernas
(de 1930 até o final da Segunda Guerra Mundial)**

A) A geração de 1930 vive um período de tensão e crise, um período de lutas de direita e de esquerda.

B) Os contistas e romancistas desta fase, politizados, buscam a verdade, retratando o ambiente em seus aspectos sócio-econômicos e mergulhando na psicologia dos personagens.

C) A poesia dessa fase é religiosa, psicofilosófica, universal e espiritual. Formalmente, reaparecem o ritmo e a rima tradicionais, voltam as baladas e os sonetos, sempre em harmonia com as conquistas da primeira fase do Modernismo.

D) A segunda fase do Modernismo português tem início com o movimento presencista, que aparece em 1927 com a fundação da revista Presença.

E) Autores da segunda fase do Modernismo português:
1. José Régio: líder da geração portuguesa de 1930, um dos fundadores da revista Presença, elaborou uma poesia séria, religiosa e mística, mergulhada em uma cosmovisão.
2. Miguel Torga
3. Adolfo Casais Monteiro
4. Branquinho da Fonseca
5. Antônio Botto
6. José Rodrigues Miguéis
7. Vitorino Nemésio

F) Poetas da segunda fase do Modernismo brasileiro:
1. Carlos Drummond de Andrade: poeta, contista e cronista, as diferentes fases de sua poesia refletem a evolução de seu pensamento.
2. Murilo Mendes: em seus poemas encontramos desde um tom humorístico, até temas místicos e surrealistas.
3. Jorge de Lima: sua poesia evoluiu de parnasiana e simbolista para uma poesia religiosa, mística, e até surrealista.
4. Vinícius de Morais: sua poesia evoluiu de católica para uma poesia erótica onde a presença da mulher é constante.
5. Cecília Meireles: vem do Simbolismo e filia-se ao Modernismo de segunda fase, quer pelo espiritualismo, quer pela forma, quer pela harmonia de seus versos.
6. Augusto Frederico Schimidt

G) Romancistas da segunda fase do Modernismo brasileiro:
1. José Américo de Almeida: escreveu A Bagaceira, que marca o início do cognominado romance nordestino.
2. Raquel de Queiroz: são três suas obras de maior importância: O Quinze, João Miguel e Caminho de Pedras.

3. José Lins do Rego: sua obra é dividida em três ciclos distintos: ciclo da cana-de-açúcar (do qual fazem parte Menino de Engenho e Fogo Morto), ciclo do cangaço (Pedra Bonita e Cangaceiros) e ciclo da ficção intimista cuja ambientação foge ao Nordeste (Água-Mãe e Eurídice).

4. Graciliano Ramos: considerado o maior romancista brasileiro, ao lado de Machado de Assis, sua obra é dividida em:

    a) Romances escritos na primeira pessoa, essencialmente psicológicos – Caetés, São Bernardo, Angústia.

    b) Romance escrito na terceira pessoa onde o psicológico cede um pouco à realidade exterior – Vidas Secas.

    c) Obras autobiográficas – Infância, Memórias do Cárcere.

5. Jorge Amado: sua obra é dividida em:

    a) Romances de tese socialista – entre os quais se destacam País do Carnaval e Jubiabá.

    b) Romances líricos: entre os quais citamos Capitães de Areia.

    c) Romances do ciclo do cacau: Terras do Sem Fim e São Jorge dos Ilhéus.

    d) Romances de costume: entre os quais citamos Gabriela, Cravo e Canela e Dona Flor e seus Dois Maridos.

O Acendedor de Lampiões

Lá vem o acendedor de lampiões da rua!
Este mesmo que vem infatigavelmente
Parodiar o sol e associar-se à lua
Quando a sombra da noite enegrece o poente!

Um, dois, três lampiões, acende e continua
Outros mais a acender impertubavelmente,
À medida que a noite aos poucos se acentua
E a palidez da lua apenas se pressente.

Triste ironia atroz que o senso humano irrita:
Ele que doira a noite e ilumina a cidade,
Talvez não tenha luz na choupana em que habita.

Tanta gente também nos outros insinua
Crenças, religiões, amor, felicidade,
Como este acendedor de lampiões da rua!
Jorge de Lima

Terceira fase do Modernismo
Tendência para o Hermetismo e para o Intelectualismo (do final da Segunda Guerra Mundial até nossos dias)

A) O Neorrealismo português tem início em 1940, com a publicação do romance Gaibéus de Alves Redol. O movimento caracteriza-se por fazer uma literatura de cunho social, ou seja, voltada para os problemas sócio-econômicos da realidade.

B. Ficcionistas do Neorrealismo português
1. Alves Redol: como já foi dito acima, seu romance Gaibéus marca o início do movimento em Portugal.
2. Ferreira de Castro: sua obra prima é A Selva, baseada na própria experiência do autor nas selvas amazônicas.
3. Fernando Namora: sua vida de médico lhe inspira grande parte de sua obra. Sua obra de maior importância é O Homem Disfarçado.
4. Vergílio Ferreira

C) A poesia portuguesa do após-guerra apresenta várias tendências concomitantes diferentes:
1. Neorrealismo: que já deu origem a três gerações de poeta neorrealistas.
2. Ecletismo estético: que abriga muitos poetas, de todas as tendências, entre os quais Jorge de Sena.
3. Humanismo dramático: que é dividido em três grupos ou tendências:
    a) Távola Redonda
    b) A Árvore
    c) Surrealismo

4. Realismo contraditório: que faz do próprio poema base exclusiva da comunicação poética.

5. Experimentalismo polivalente: que se preocupa tanto com a técnica de estruturação do poema quanto com o engajamento político (agora a nível internacional).

6. Concretismo: que teve como precursores as duas tendências anteriores, ou seja, o Realismo Contraditório e o Experimentalismo Polivalente.

D) A ficção da terceira fase do Modernismo brasileiro caracteriza-se ou por suas tendências introspectivas ou por um tipo de regionalismo (universalista) diferente daquele da segunda fase.

E) Os principais autores brasileiros de ficção desse período são:

1. Clarice Lispector: seus romances são herméticos, com profundo mergulho na alma humana. Escreveu, entre outros, Perto do Coração Selvagem (seu romance inaugural) e Água Viva.

2. João Guimarães Rosa: genial inovador da linguagem, sua obra-prima é Grande Sertão: Veredas.

3. José Candido de Carvalho: autor de O Coronel e o Lobisomen.

4. Pedro Nava: o mais importante memorialista brasileiro, escreveu, entre outros Baú de Ossos e O Círio Perfeito.

F) As características gerais da poesia brasileira da terceira fase do Modernismo são:

1. Maior apuro no verso.
2. Importância do ritmo.
3. Importância da palavra.
4. Volta à rima e metro tradicionais.
5. Universalismo temático.
6. A partir de 1956, novas experiências com a poesia de vanguarda.

G) Entre os poetas brasileiros dessa fase destaca-se João Cabral de Melo Neto. Considerado um engenheiro de palavras, entre suas obras destacam-se Pedra do Sono, O Engenho, Morte e Vida Severina, A Educação pela Pedra e Auto do Frade.

"O senhor ... Mire veja: o mais importante e bonito, do mundo, é isto: que as pessoas não estão sempre iguais, ainda não foram terminadas - mas que elas vão sempre mudando. Afinam ou desafinam. Verdade maior. É o que a vida me ensinou. Isso me alegra, montão. E, outra coisa: o diabo, é às brutas: mas Deus é traiçoeiro! Ah! Uma beleza de traiçoeiro - dá gosto! A força dele, quando quer - moço! - me dá o medo pavor! Deus vem vindo: ninguém não vê. Ele faz é na lei do mansinho - assim é o milagre. E Deus ataca bonito, se divertindo, se economiza. A pois: um dia, num curtume, a faquinha minha que eu tinha caiu dentro dum tanque, só caldo de casca de curtir, barbatimão, angico, lá sei. - "Amanhã eu tiro..." - falei, comigo. Porque era de noite, luz nenhuma eu não disputava. Ah, então, sabia: no outro dia, cedo, a faca, o ferro dela, estava sido roído, quase por metade, por aquela aguinha escura, toda quieta. Deixei, para mais ver. Estala, espoleta! Sabe o que foi? Pois, nessa mesma da tarde, aí: da faquinha só se achava o cabo... O cabo - por não ser de frio metal mas de chifre de galheiro. Aí está: Deus...Bem, o senhor ouviu, o que ouviu sabe, o que sabe me entende..."
Guimarães Rosa de "Grande Sertão: Veredas"

Exercícios em Forma de Teste

Para responder às questões de 01 a 10, leia com atenção os sonetos de Gregório de Matos:

A cada canto um grande conselheiro,
Que nos quer governar cabana e vinha;
Não sabem governar sua cozinha,
E podem governar o mundo inteiro

Em cada porta um frequentado olheiro,
Que a vida do vizinho e da vizinha
Pesquisa, escuta, espreita e esquadrinha,
Para o levar à praça e ao terreiro.

Muitos mulatos desavergonhados,
Trazidos sob os pés os homens nobres,
Posta nas palmas toda a picardia.

Estupendas usuras nos mercados,
Todos os que não furtam, muito pobres;
E eis aqui a cidade da Bahia.

1. Gregório de Matos criou poemas de temas diversos. Este soneto do mais fértil poeta do barroco baiano cultiva a poesia:

a) sacra

b) lírica

c) satírica

d) épica

e) pornográfica

2. O texto é um soneto, porque:

a) contém poesia;

b) é composto de 14 versos, em 2 quartetos e 2 tercetos;

c) no final de cada verso, há coincidência de sons;

d) o ritmo se dá com pausa na 6ª e 10ª sílabas poéticas;
e) inexistem versos brancos, ou seja, versos sem rima.

3. Vamos ao significado de algumas palavras no texto. Só uma alternativa está errada:
a) Em cada porta um frequentado <u>olheiro</u>. – indivíduo que observa as atividades dos outros; aquele que espiona;
b) Pesquisa, escuta, <u>espreita</u> e esquadrinha. – observar ocultamente com atenção; espiar;
c) Pesquisa, escuta, espreita e <u>esquadrinha</u>. – examinar minuciosamente; procurar algo em todos os cantos e lugares; escarafunchar;
d) Postas nas palmas toda a <u>picardia</u>. – ação de velhaco, engano; logro, velhacaria;
e) Estupendas <u>usuras</u> nos mercados. – ação ou efeito de usufruir ou de gozar os frutos ou os rendimentos de alguma coisa que pertence a outrem; usufruto.

4. "Antítese" é a oposição de ideias; às vezes um verdadeiro paradoxo como nesta passagem:
a) A cada canto um grande conselheiro,
   Que nos quer governar cabana e vinha;
b) Não sabem governar sua cozinha,
   E podem governar o mundo inteiro
c) Em cada porta um frequentado olheiro,
   Que a vida do vizinho e da vizinha
   Pesquisa.....
d) Em cada porta um frequentado olheiro,
   Que a vida do vizinho e da vizinha
   Pesquisa, escuta, espreita e esquadrinha,
e) E eis aqui a cidade da Bahia.

5. *Não sabem governar sua <u>cozinha</u>*.
"Cozinha" é o compartimento onde se preparam os alimentos, mas no texto, pode ser entendido, por metonímia:

a) o cozido preparado pela ação do fogo;
b) mulher que cozinha;
c) a esposa daquele que tem a pretensão de governar o mundo inteiro;
d) lugar em que se cose na cabana;
e) lugar em que se cose na vinha.

6. *"Pesquisa, escuta, espreita e esquadrinha"*.
   Se o autor escrevesse o verso, usando da figura do polissíndeto, escreveria assim:
   a) Pesquisa e escuta e espreita e esquadrinha.
   b) Pesquisa, escuta, espreita, esquadrinha.
   c) Pesquisa, escuta, logo espreita, esquadrinha.
   d) Quando pesquisa, escuta; quando espreita, esquadrinha.
   e) Pesquisa para escutar; espreita para esquadrinhar.

7. *"Todos os que não furtam, muito pobres"*. **O melhor sentido para o verso em destaque é:**
   a) Só os pobres furtam.
   b) Os pobres são furtados por aqueles.
   c) só é pobre quem furta.
   d) os que não furtam, são pobres.
   e) os que são ricos, não furtam.

8. *"Pesquisa, escuta, espreita e esquadrinha"*. **Vamos verificar quantas sílabas poéticas tem o verso em destaque:**

   a) | Pes | qui | sa | ,es | Cu | ta, | es | prei | ta | e | es | qua | dri | nha |
      | 1 | 2 | 3 | 4 | 5 | 6 | 7 | 8 | 9 | 10| 11 | 12 | 13 | 14 |

   b) | Pes | qui | sa, | es | Cu | ta, | es | prei | ta | e | es | qua | dri | nha |
      | 1 | 2 | 3 | 4 | 5 | 6 | 7 | 8 | 9 | 10| 11 | 12 | 13 | X |

   c) | Pes | qui | sa, | es | Cu | ta, | es | prei | ta e | es | qua | dri | nha |
      | 1 | 2 | 3 | 4 | 5 | 6 | 7 | 8 | 9 | 10 | 11 | 12 | X |

d) | Pes | qui | sa, es | cu | ta, | es | prei | ta e | es | qua | dri | nha |
   | 1 | 2 | 3 | 4 | 5 | 6 | 7 | 8 | 9 | 10 | 11 | X |

e) | Pes | qui | sa, es | cu | ta, es | prei | ta e | es | qua | dri | nha |
   | 1 | 2 | 3 | 4 | 5 | 6 | 7 | 8 | 9 | 10 | X |

9. "Não sabem governar sua cozinha
   E podem governar o mundo inteiro".
Invertendo a posição de ambas as orações e conservando o mesmo sentido irônico, escreveríamos assim:
a) Podem governar o mundo inteiro
   Logo não sabem governar sua cozinha
b) Podem governar o mundo inteiro
   Ou seja não sabem governar sua cozinha
c) Podem governar o mundo inteiro
   Porque não sabem governar sua cozinha
d) Podem governar o mundo inteiro
   Mas não sabem governar sua cozinha
e) Podem governar o mundo inteiro
   Ou não sabem governar sua cozinha

10. *A cada canto um grande conselheiro,*
    <u>Que</u> nos quer governar cabana e vinha;

    Em cada porta um frequentado olheiro,
    <u>Que</u> a vida do vizinho e da vizinha
    Pesquisa...
Ambos "que" pronomes relativos. O primeiro no lugar de "um grande conselheiro". O segundo no lugar de "um frequentado olheiro". Em relação aos verbos "querer governar" e "pesquisar" eles exercem respectivamente a função sintática de:
a) sujeito e sujeito
b) objeto direto e objeto direto

c) sujeito e objeto direto
d) objeto direto e sujeito
e) sujeito e objeto indireto

Para responder às questões de 11 a 20, leia com atenção pequeno texto de Padre Antônio Vieira:

Ladrões

"O ladrão que furta para comer, não vai, nem leva ao inferno; os que não só vão, mas levam, de que eu trato, são outros ladrões, de maior calibre e de mais alta esfera, os quais distingue muito bem S. Basílio Magno..... Não são só ladrões, diz o santo, os que cortam bolsas ou espreitam os que se vão banhar, para lhes colher a roupa: os ladrões que mais própria e dignamente merecem este título são aqueles a quem os reis encomendam os exércitos e legiões, ou o governo das províncias, ou a administração das cidades, os quais já com manha, já com força, roubam e despojam os povos. — Os outros ladrões roubam um homem: estes roubam cidades e reinos; os outros furtam debaixo do seu risco; estes sem temor, nem perigo; os outros, se furtam, são enforcados: estes furtam e enforcam. Diógenes, que tudo via com mais aguda vista que os outros homens, viu que uma grande tropa de varas e ministros de justiça levavam a enforcar uns ladrões, e começou a bradar: — Lá vão os ladrões grandes a enforcar os pequenos. — Ditosa Grécia, que tinha tal pregador! Quantas vezes se viu Roma ir a enforcar um ladrão, por ter furtado um carneiro, e no mesmo dia ser levado em triunfo um cônsul, ou ditador, por ter roubado uma província. De um, chamado Seronato, disse com discreta contraposição Sidônio Apolinar: Seronato está sempre ocupado em duas coisas: em castigar furtos, e em os fazer. — Isto não era zelo de justiça, senão inveja. Queria tirar os ladrões do mundo, para roubar ele só."

11. Predomina neste texto:
a) a narração
b) a descrição
c) a dissertação

d) a linguagem coloquial
e) a linguagem epistolar

12. O tema do texto, ou seja, a posição ideológica que o autor se propõe a defender é:
a) o ladrão que furta para comer não faz mal a ninguém; perigoso e mais cruel são os grandes ladrões;
b) pequeno ou grande o ladrão, ambos vão para o inferno;
c) Diógenes via verdades que outros homens não viam;
d) a Grécia é feliz porque gerou filhos ilustres tal como Diógenes;
e) Seronato era contraditório: castigava os ladrões como também era ele mesmo um ladrão.

13. Em resumo, Diógenes, citado pelo autor, pensa assim:
a) é preciso ver tudo com mais aguda vista;
b) o Estado pode e deve enforcar os ladrões;
c) ladrões, grandes ou pequenos, devem ser enforcados;
d) feliz é a Grécia que pôde ter um pregador;
e) quem está no poder castiga pequenos furtos e fica incólume aos furtos que pratica.

14. Qual destes personagens é estranho ao conjunto formado pelos demais:
a) Padre Antônio Vieira
b) São Basílio Magno
c) Diógenes
d) Seronato
e) Sidônio Apolinar

15. Diógenes, filósofo grego, nasceu em Sinope (413-323 a.C). Consistia seu sistema filosófico no desprezo das riquezas e das convenções sociais e na obediência exclusiva às leis da natureza. Recebeu um cognome que pode ser deduzido de sua citação no texto. Diógenes,

a) o Platônico

b) o Cínico

c) o Socrático

d) o Existencialista

e) o Espiritualista

16. Para Vieira, há dois tipos de ladrões:
1- o ladrão que furta para comer.
2- o ladrão que despoja os povos.
Assinale na alternativa, o ladrão que furta para comer:

a) rouba uma província;

b) enforca;

c) furta sem temor ou perigo;

d) vai ao inferno;

e) rouba um homem.

17. Assinale na alternativa, o ladrão que despoja os povos:

a) não vai nem leva ao inferno;

b) colhe a roupa dos que nadam;

c) mata outros para roubar só;

d) é enforcado;

e) rouba um carneiro.

18. As ideias que Vieira defende no texto encontram correspondência em dois versos de Gregório de Matos:

a) A cada canto um grande conselheiro,
   Que nos quer governar cabana e vinha;

b) Não sabem governar sua cozinha,
   E podem governar o mundo inteiro

c) Em cada porta um frequentado olheiro,
   Que a vida do vizinho e da vizinha

d) Pesquisa, escuta, espreita e esquadrinha,
   Para o levar à praça e ao terreiro.

e) Estupendas usuras nos mercados,
   Todos os que não furtam, muito pobres;

19. No "Sermão aos Peixes" que Padre Antônio Vieira pregou em São Luís do Maranhão, no ano de 1654, alegoricamente falando aos peixes, o pregador expõe ideias semelhantes às ideias contidas no texto em destaque. Só em uma alternativa isto não ocorre:

a) "A primeira cousa que me desedifica, peixes de vós, é que vos comeis uns aos outros. Não só vos comeis uns aos outros, senão que os grandes comem os pequenos".

b) "Se os pequenos comessem os grandes, bastaria um grande para muitos pequenos; mas como os grandes comem os pequenos, não bastam cem pequenos, nem mil, para um só grande".

c) "Cuidais que só os Tapuias se comem uns aos outros, muito maior açougue é o de cá, muito mais se comem os brancos. Vedes vós todo aquele bulir, vedes todo aquele andar, vedes aquele concorrer às praças e cruzar as ruas; vedes aquele subir e descer as calçadas, vedes aquele entrar e sair sem quietação nem sossego? Pois tudo aquilo é andarem buscando os homens como hão de comer e como se hão de comer".

d) "O primeiro remédio é o tempo. Tudo cura o tempo, tudo faz esquecer, tudo gasta, tudo digere, tudo acaba. Atreve-se o tempo a colunas de mármore, quanto mais a corações de cera! São as afeições como as vidas que não há mais certo sinal de haverem de durar pouco, que terem durado muito. São como as linhas que partem do centro para a circunferência, que quanto mais continuadas, tanto menos unidas. Por isso os antigos sabiamente pintaram o amor menino porque não há amor tão robusto, que chegue a ser velho".

e) "Vede um homem desses que andam perseguidos de pleitos ou acusados de crimes, e olhai quantos o estão comendo. Come-o o carcereiro, come-o o escrivão, come-o o advogado, come-o o inquiridor, come-o a testemunha, come-o o julgador, e ainda não está sentenciado, já está comido. São piores os homens que os corvos. O triste que foi à forca, não o comem os corvos senão depois de executado e morto; e o que anda em juízo, ainda não está executado nem sentenciado, e já está comido".

20. Padre Antônio Vieira (1608-1697) como seu contemporâneo Gregório de Matos (1633-1696), pertenceu ao estilo de época do Barroco. O Barroco dominou o universo do pensamento e arte europeus durante todo o século XVII e parte do século XVIII. Possui várias tendências. Qual a tendência a que se filia o texto "Ladrões" de Vieira?

a) Conceptismo – tendência para a especulação aguda de ideias, para a criação de conceitos. Defende a ideia que invoca. Tem esse nome porque explora o conceito mais que as imagens (em espanhol, conceito se diz concepto, daí conceptismo).

b) Cultismo – tendência ao emprego de figuras refinadas; escola barroca que cultivou o requinte temático (descrição de objetos preciosos ou encarecimento de objetos que tenham alguma importância circunstancial). O cultismo é uma degeneração tardia do barroco peninsular, ocorrida especialmente na América Espanhola e no Brasil.

c) Gongorismo – nome empregado pejorativamente, já que deriva de Gôngora, um dos maiores poetas barrocos; exagero no emprego das metáforas engenhosas e nos trocadilhos; abuso das soluções difíceis e complicadas.

d) Preciosismo – cultismo de derivação francesa, o pior de todos; compreendia um modo bizarro e empolado de se falar nos salões franceses do século XVII. Molière ridicularizou-o numa célebre sátira, "As Preciosas Ridículas".

e) Carpe Diem – "Colhe o dia", exortação de Horácio, poeta latino da época do Imperador Augusto; foi o lema persuasivo do galanteio e da conquista dos corações femininos, na medida em que chama a atenção para a perecibilidade da beleza, a morte de tudo; o carpe diem foi uma forma indireta de negaceio amoroso.

Para responder às questões de 21 a 35, leia com atenção o soneto transcrito:

Terra Proibida

Na terra, uma semente pequenina,
Abre, ao Sol, em sorrisos de verdura.
E o rubro raio aceso que fulmina,
Rasga o seio da nuvem que é ternura.

Ao longo da erma e pálida colina,
Um doce fio de água anda à procura
De alguma rosa angélica e divina,
Abandonada e morta de secura.

Meu forte coração também nasceu
Para criar, cantando, um novo céu.
Ninguém lhe entende a mística harmonia!

Lembra remota, estrela desmaiada
Que mal se vê, na abóbada azulada,
Mas, para um outro mundo, é grande dia.

Teixeira de Pascoaes
De "O texto em análise" – Texto Editora – Portugal
Antônio Afonso Borregana - Páginas 80 - 83
As questões 21 a 27 e 35

21. Podemos dividir o poema em duas partes lógicas. Na primeira parte (as duas quadras), o sujeito lírico refere-se à natureza que se renova, desabrochando e florescendo, mediante as duas poderosas forças da vida:
a) a terra e a verdura;
b) a semente e os sorrisos;
c) o rubro raio e o seio da nuvem;
d) a pálida colina e a roa angélica;
e) o sol e a água.

22. Na segunda parte (os dois tercetos), o sujeito lírico refere-se a algo que vai acontecer. Embora ainda ninguém avalie a sua harmonia, vai surgir num "grande dia" como "um novo céu".
a) mística harmonia
b) remota estrela
c) abóbada azulada
d) a criação poética
e) estrela desmaiada

23. Leia estas três afirmações:
I - A mensagem poética do soneto constrói-se mediante uma comparação entre o que se passa no mundo vegetal (1ª parte) e no mundo poético (2ª parte).
II - Assim como o sol e a água tudo renovam na natureza (1ª parte), assim também o "forte coração" do poeta nasceu para criar "um novo céu" (2ª parte).
III - Note-se que a obra criada pelo poeta ("um novo céu") tal como a obra operada pela natureza, é ditada pelo destino ("meu coração também nasceu / Para criar").
Responda assim:
a) desde que corretas I, II e III;
b) desde que corretas apenas I e II;
c) desde que corretas apenas I e III;
d) desde que corretas apenas II e III;
e) desde que erradas I, II e III.

24. O poeta sabe que o seu "coração" criador de um "novo céu", isto é, a sua poesia, ainda não é compreendida ("ninguém lhe entende a mística harmonia"). O conteúdo deste verso é explicado por este outro:
a) "Na terra uma semente pequenina";
b) "Rasga o seio da nuvem que é ternura";
c) "Ao longo da erma e pálida colina";
d) "Um doce fio de água anda à procura";
e) "Lembra remota estrela desmaiada".

25. *"Meu forte coração também nasceu / Para criar..."*. A importância da expressão "Meu forte coração" está em funcionar como o motor, a causa eficiente deste "novo céu". Em vez de "razão"dos realistas, preferiu a palavra "coração", mas usando-a em sentido muito amplo:
a) amor, paixão, obsessão, loucura;
b) dó, piedade, complacência, ternura;
c) inteligência, vontade, energia, gênio;
d) órgão, sentido, função, circulação;
e) medo, receio, pavor, desespero.

26. *"Lembra remota estrela desmaiada*
    Que mal se vê, na abóbada azulada,
    Mas, para um outro mundo, é grande dia".
No verso "Lembra remota estrela desmaiada", a palavra "lembra" pode substituir-se por "é como", havendo pois, aqui uma comparação, em que se compara o "novo céu" a "uma estrela desmaiada que mal se vê" (neste mundo de homens vulgares). Vamos explicar a metáfora:
a) para "um outro mundo", o mundo do sonho, da grande poesia, em que o sujeito lírico se situa. Esse "novo céu" será "grande dia", isto é, um acontecimento inolvidável;
b) toda comparação é sempre insuficiente. Nunca a comparação consegue expressar com clareza e precisão aquilo que se quer descrever ou narrar;
c) a vulgaridade dos homens seja condição suficiente e necessária para germinar os valores de uma poesia nova e revolucionária;
d) enquanto houver comparação haverá emoção. A comparação não se coaduna com a racionalidade. Comparar é estabelecer ligações entre duas proposições subjetivas;
e) a estrela desmaiada continua a iluminar outros povos e outra gente. É possível que uma nuvem possa encobrir uma estrela, mas ela passa, a estrela fica.

27. Há uma estreita ligação entre o título do poema "Terra Proibida" e a mensagem do poema. Com efeito, "terra proibida", neste contexto, é esse "outro mundo" em que se revelarão novas perspectivas da recriação ou renovação,

a) porque viver é o mesmo que estar muito tempo doente;
b) mas esse "outro mundo" é ainda proibido, isto é, inacessível à maior parte dos homens;
c) portanto, a vida em outro mundo, é uma fábula sem sentido, contada por um idiota;
d) embora a estrela desmaiada no azul do céu seja vista por apenas algumas pessoas privilegiadas;
e) desde que a vida seja renovada intensamente por alguns homens com visão humana e sobrenatural.

28. *"Na terra, uma semente pequenina*
Abre, ao sol, em sorrisos de verdura.
E o rubro raio aceso que fulmina,
Rasga o seio da nuvem que é ternura.

Da análise que se faz, só uma alternativa é falsa:

a) ambas as palavras que funcionam como sujeito dos verbos que lhes seguem. O primeiro no lugar de "o rubro raio aceso" é o sujeito do verbo fulminar; o segundo, no lugar de "o seio da nuvem" é o sujeito do verbo ser;
b) as orações ligadas por ambos "que" são subordinadas adjetivas. "Que fulmina tem valor de adjetivo em relação a "o rubro raio aceso" e "que é ternura" tem o valor de adjetivo em relação a "o seio da nuvem";
c) o que "rasga o seio da nuvem"? Uma semente pequenina. O verbo rasgar é transitivo direto. "Seio da nuvem" é o seu objeto direto e "uma semente pequenina" é o seu sujeito;
d) na estrofe em destaque, 4 verbos: abrir, fulminar, rasgar e ser. Daí 4 orações, assim em destaque:

1ª   Na terra uma semente pequenina
      Abre ao sol, em sorrisos de verdura

2ª   E o rubro raio aceso rasga
      O seio da nuvem
3ª   que fulmina
4ª   que é ternura

e) "E o rubro raio aceso rasga o seio da nuvem". A oração está na voz ativa. Na voz passiva, escreveríamos assim: "E o seio da nuvem é rasgado pelo rubro raio aceso".

29. *"Ao longo da erma e pálida colina,*
    Um doce fio de água anda à procura
    De alguma rosa angélica e divina,
    Abandonada e morta de secura".

Das afirmações que se fazem, só uma é falsa:

a) pobre é a rima que se processa entre palavras de mesma classe gramatical. Rica é a rima que se processa entre palavras de classe gramatical diversa. É rica, pois, a rima: colina (substantivo) x divina (adjetivo);

b) Cada verso do poema tem 12 sílabas poéticas chamado, por isso, alexandrino. Observe:

Ao	lon	go	da	er	ma	e	pá	li	da	co	li	na
1	2	3	4	5	6	7	8	9	10	11	12	X

c) os adjetivos são expressivos no texto. Ao substantivo "colina" antepõem-se os adjetivos "erma" e "pálida". "Doce" qualifica "fio de água". Pospõem-se à "rosa" os adjetivos "angélica", "divina", "abandonada" e "morta";

d) substantivo concreto é aquele que subexiste por si só, como "colina", "fio de água", "rosa". Substantivo abstrato não subexiste por si só, existente no domínio das ideias. No texto: "secura";

e) "Um doce fio de água anda à procura". O adjetivo anteposto ao substantivo ganha uma acepção mais subjetiva, abstrata, até poética. Assim "doce fio de água" difere de "fio de água doce".

30. *"Meu forte coração também nasceu*
   Para criar, cantando, um novo céu.
   Ninguém lhe entende a mística harmonia".

A última oração é independente, absoluta. Contudo poderíamos fazê-la subordinada, sem perturbar o sentido que oferece ao texto, com valor de:

a) causa:
   "Meu forte coração também
   nasceu para criar, porque
   Ninguém lhe entende a mística harmonia"

b) finalidade:
   "Meu forte coração
   também nasceu para criar,
   a fim de que ninguém lhe entenda a mística harmonia"

c) tempo:
   "Meu forte coração
   também nasceu para criar,
   quando ninguém lhe entender a mística harmonia"

d) concessão:
   "Meu forte coração
   também nasceu para
   criar, embora ninguém lhe entenda a mística harmonia"

e) condição:
   "Meu forte coração
   também nasceu para criar,
   desde que ninguém lhe entenda a mística harmonia"

31. *"Lembra remota estrela desmaiada*
   Que mal se vê, na abóbada azulada,
   Mas, para um outro mundo, é grande dia"

"Mas": conjunção coordenada adversativa. Como tal, nega parcialmente uma ideia expressa anteriormente. Assim, neste contexto, a conjunção "mas" nega:

a) a lembrança (lembra remota estrela...);
b) remota estrela (remota estrela desmaiada);
c) a dificuldade de visão (que mal se vê);
d) o azul da abóbada (na abóbada azulada);
e) outros povos... outras gentes (para um outro mundo).

32. *"... o rubro raio aceso que fulmina,*
    ... o seio da nuvem que é ternura".
O raio fulmina... a nuvem é ternura – figura de linguagem a que chamamos:
a) antítese
b) pleonasmo
c) anacoluto
d) silepse
e) elipse

33. *"E o rubro raio aceso rasga o seio da nuvem".*
Elegante é a construção com o objeto direto pleonástico e preposicionado:
a) E o seio da nuvem rasga o rubro raio aceso;
b) E ao seio da nuvem rasga-o o rubro raio aceso;
c) E o rubro raio aceso o seio da nuvem rasga
d) E o rubro raio aceso e só ele rasga o seio da nuvem;
e) E rasga o seio da nuvem o rubro raio aceso.

34. **O poema é um soneto, porque tem:**
a) rima
b) ritmo
c) mesma quantidade de sílabas poéticas em cada verso
d) dois quartetos e dois tercetos
e) letra maiúscula nas iniciais de cada verso.

35. No texto abaixo, identifique um erro da norma culta da Língua Portuguesa:

Teixeira de Pascoaes <u>tem sido considerado</u> figura central da corrente literária conhecida por saudosismo. Os saudosistas cantam a <u>saudade do passado</u>, sobretudo de tudo o que se referia ao velho Portugal. Trata-se, pois, de um saudosismo nacionalista. Mas Pascoaes foi essencialmente um poeta idealista e metafísico. A atitude de Pascoaes perante o mundo e a vida <u>acenta</u> num subjetivismo <u>levado às últimas consequências</u>. O mundo criado pela imaginação do poeta é o único real, sendo o resto sombra vã. Ele vê o mundo e a vida numa perspectiva em que o real e o fantástico quase se confundem. A saudade não é apenas a recordação das coisas que foram, <u>mas também</u> das que nunca existiram.

a) tem sido considerado (é considerado);
b) saudades do passado (pleonasmo; não há saudade do futuro);
c) acenta (assenta);
d) levado às últimas consequências (sem o uso da crase);
e) mas também (mas ainda)

Para responder às questões de 36 a 55, leia a apresentação do assunto de "Os Lusíadas" em que Camões proclama ir cantar as grandes vitórias e os homens ilustres, as conquistas e navegações no Oriente, as vitórias em África e na Ásia que dilataram a Fé e o Império Português:

1
As armas e os barões assinalados,
Que, da ocidental paia lusitana,
Por mares nunca de antes navegados,
Passaram ainda além da Taprobana,
Em perigos e guerras, esforçados
Mais do que prometia a força humana,
E entre gente remota edificaram
Novo reino que tanto sublimaram;

2
*E também as memórias gloriosas
Daqueles reis que foram dilatando
a Fé, o Império, e as terras viciosas
De África e Ásia andaram devastando,
E aqueles que por obras valerosas
Se vão da lei da morte libertando;
Cantando espalharei por toda parte,
Se a tanto me ajudar o engenho e a arte.*

"Os Lusíadas" - Canto Um – Estrofes 1 e 2
Do livro "Os Lusíadas" – Poema Épico
Francisco de Sales Lancastre
Livraria Clássica Editora - Lisboa

36. "Cantando, espalharei por toda a parte do mundo, Se a tanto me ajudar <u>o engenho e a arte</u>", ou seja:
a) o talento e o saber;
b) a construção e a arte grega;
c) as edificações e a poesia;
d) a artimanha e a pintura;
e) a magia e o conhecimento.

37. "...se a tanto me ajudar o engenho e a arte" ao invés de "me ajudarem o engenho e a arte", já que o sujeito é composto. Concordância irregular tal qual esta, extraída de "Os Lusíadas":
a) "A quem Netuno e Marte obedeceram" – Canto I, 3
b) "Verão morrer com fome os filhos caros / Em tanto amor gerados e nascidos" – Canto V, 47;
c) "Converte-se-me a carne em terra dura; / Em penedos os ossos se fizeram" – Canto V, 59;
d) "... essas honras vãs, esse ouro puro, / Verdadeiro valor não dão à gente" – Canto IX, 93;
e) "Triste ventura e negro fado os chama neste terreno meu..." – Canto V, 46.

38. *"Cantando, espalharei <u>as armas e os barões assinalados</u>"*, ou seja:

a) o exército português e os egrégios condes;
b) as várias modalidades de armamento e os reis predestinados;
c) os homens célebres pelos seus feitos nas armas e os ilustres varões;
d) a defesa do Império e os carismáticos cidadãos;
e) o brasão português e os varões marcados pelo destino.

39. *"Barões que, partindo da ocidental praia lusitana..."*. "Ocidental praia lusitana" é Portugal cujo território está no Ocidente da Europa. Então o autor usou a parte pelo todo, figura de linguagem a que chamamos:

a) pleonasmo
b) antítese
c) silepse
d) sinédoque
e) anacoluto

40. *"Por mares nunca antes navegados, / Passaram ainda além da Taprobana..."*. "Taprobana" tem a conotação de "lugar distante", até então, intransponível, já que é preciso contornar o Cabo da Boa Esperança par atingi-la, então:

a) a cidade de Argel no Mediterrâneo;
b) nome antigo da ilha do Ceilão no Oceano Índico; hoje Srilanka;
c) cidade de Tanger em Marrocos;
d) arquipélago da Madeira no Oceano Atlântico;
e) a Ilha das Canárias no Oceano Atlântico.

41. *"... e edificaram, entre gente de longínquas regiões, um novo reino que tanto sublimaram..."*. O autor emprestou ao verbo "sublimar" o sentido de:

a) brindar
b) purificar
c) sublevar

d) engrandecer
e) subjugar

42. *"Também farei conhecidas as gloriosas memórias (os Atos) daqueles reis que foram dilatando a fé...".* A fé, de que cuida o poeta, só pode ser a:
a) presbiteriana
b) muçulmana
c) católica
d) judaica
e) evangélica

43. *"... e andaram devastando as viciosas terras de Ásia e África...".* As terras eram viciosas, porque habitadas pelos:
a) presbiterianos
b) muçulmanos
c) católicos
d) judeus
e) evangélicos

44. *".. e farei conhecidos aqueles varões que, por terem praticado obras valerosas, se vão libertando da lei da morte":*
I - homens célebres, desaparecidos do mundo, que vão revivendo na lembrança das gerações, ao contrário da regra geral cuja natural consequência é o esquecimento.
II - todos aqueles que no passado, no presente e no futuro, mereceram, merecem ou virão a merece a "imortalidade" na memória dos homens.
III - libertar-se da "lei da morte" significa abraçar, com dedicação, a religião cristã, em especial o catolicismo, que tem, na ressurreição de Cristo, sua base de sustentação teológica.
Responda assim:
a) desde que corretas apenas I e II;
b) desde que corretas apenas II e III;

c) desde que corretas apenas I e III;
d) desde que corretas I, II e III;
e) desde que erradas I, II e III.

45. Ambas estas estrofes, as duas primeiras de "Os Lusíadas" fazem parte de:
a) A Proposição;
b) A Invocação;
c) Dedicatória;
d) A Narração;
e) O Epílogo.

46. As duas primeiras estrofes de "Os Lusíadas" já anunciam os quatro planos fundamentais da Epopeia. Estabeleça a associação:
I - Plano da Viagem
II - Plano da História de Portugal
III - Plano dos Heróis
IV - Plano das Considerações do poeta

( )   "Cantando, espalharei por toda a parte /
      Se a tanto me ajudar o engenho e a arte"

( )   As armas e os barões assinalados,
      Que, da ocidental paia lusitana,
      Por mares nunca de antes navegados,
      Passaram ainda além da Taprobana,
      Em perigos e guerras, esforçados
      Mais do que prometia a força humana,
      E entre gente remota edificaram
      Novo reino que tanto sublimaram;

( )   E também as memórias gloriosas
      Daqueles reis que foram dilatando
      A Fé, o Império, e as terras viciosas
      De África e de Ásia andaram devastando,

( )   E aqueles que por obras valerosas
      Se vão da lei da morte libertando

Encontramos a seguinte associação:
a) I – II – III – IV
b) IV – III – II – I
c) II – I – III – IV
d) III – I – II – IV
e) IV – I – II – III

47. "Os Lusíadas" seguem o modelo de "A Eneida" de Virgílio. "A Eneida" começa assim: "Arma virunque cano", que se traduz por: "Eu canto as armas e o varão ilustre". "Os Lusíadas" começa assim: "As armas e os barões assinalados". O varão ilustre de Virgílio é "Eneias". De Camões é "barões assinalados". Então, o herói de Camões é:
a) individual
b) coletivo
c) místico
d) medieval
e) greco-romano

48. A Humanidade é um dos princípios do Renascimento. Valoriza tudo o que é humano e exalta os valores do homem como centro do universo (antropocentrismo). No século XVI, o pensamento incide mais na vida do homem, cidadão do mundo... e o mundo é a pátria do homem. No texto, é ou são referências à Humanidade:
I - Barões assinalados
II - Memórias gloriosas daqueles reis
III - E aqueles que por obras valerosas / Se vão da lei da morte libertando
Responda assim:
a) desde que corretas apenas I e II;
b) desde que corretas apenas II e III;
c) desde que corretas apenas I e III;
d) desde que corretas I, II e III;
e) desde que erradas I, II e III

49. A universalidade é outra característica do Renascimento. A "Divina Comédia" de Dante Alighieri é uma obra medieval. Fala do Céu, do Purgatório e do Inferno. "Os Lusíadas" é uma obra de universalidade porque fala da Terra e do Mar. No texto, só não é elemento de universalidade:

a) Ocidental praia lusitana;
b) Por mares nunca de antes navegados;
c) Passaram além da Taprobana;
d) ... e as terras viciosas / De África e de Ásia andaram devastando;
e) Se a tanto me ajudar o engenho e a arte.

50. O Renascimento também é conhecido pelo valor de "Antiguidade". Redescobriram-se as obras literárias, históricas e filosóficas da civilização greco-romana. Renascer seria restaurar tal civilização. Veja no texto:

a) As armas e os barões assinalados (Arma virunque cano);
b) Por mares nunca de antes navegados;
c) Passaram ainda além da Taprobana;
d) Cantando espalharei por toda parte;
e) Se a tanto me ajudar o engenho e a arte.

51. Chamemos "A" ao som "ados" de "assinalados"; chamemos "b" ao som "ana" de "Lusitana"; chamemos "c" ao som "aram" de "edificaram". Então, as estrofes camonianas guardam a seguinte posição:

a) A b b A A b c c
b) b A b A b c b c
c) A b A b A b c c
d) A A b b A c c A
e) b b A A A b c c

52. Vamos verificar quantas sílabas poéticas tem cada verso de "Os Lusíadas":

a) | Mais | do | que | Pro | me | ti | a | a | for | ça | hu | ma | na |
   | 1 | 2 | 3 | 4 | 5 | 6 | 7 | 8 | 9 | 10 | 11 | 12 | 13 |

b) | Mais | do | que | Pro | me | ti | a a | for | ça | hu | ma | na |
   | 1 | 2 | 3 | 4 | 5 | 6 | 7 | 8 | 9 | 10 | 11 | 12 |

c) | Mais | do | que | Pro | me | ti | a a | for | ça hu | ma | na |
   | 1 | 2 | 3 | 4 | 5 | 6 | 7 | 8 | 9 | 10 | 11 |

d) | Mais | do | que | Pro | me | ti | a a | for | ça hu | ma | na |
   | 1 | 2 | 3 | 4 | 5 | 6 | 7 | 8 | 9 | 10 | X |

e) | Mais | do | que | Pro | me | tia a | for | ça hu | ma | na |
   | 1 | 2 | 3 | 4 | 5 | 6 | 7 | 8 | 9 | X |

53. "Mais do que prometia a força humana". Vamos reescrever o verso com um pronome no ligar de "a força humana", conservando o mesmo sentido:

a) Mais que lhe prometia;
b) Mais do que a prometia;
c) Mais do que o prometia;
d) Mais do que se prometia;
e) Mais do que ela prometia.

54. Todos os autores que se elencam abaixo, certamente, leram "Os Lusíadas" e certamente se inspiraram em Camões na criação de suas obras. Apenas um deles não poderia ter lido "Os Lusíadas", muito menos se inspirado em Camões:

a) Gregório de Matos
b) Gil Vicente
c) Santa Rita Durão
d) Basílio da Gama
e) Tomás Antônio Gonzaga

55. Só em uma alternativa aparecem versos que não foram extraídos de "Os Lusíadas":
a) Por que de mim te vás, ó filho caro,
   A fazer o funéreo enterramento
   Onde sejas dos peixes mantimento?
b) Ó glória de mandar, ó vã cobiça
   Desta vaidade a quem chamamos fama!
c) Do filho do trovão denominado
   Que peito domar soube à fera gente,
   O valor cantarei na adversa sorte
   Pois só conheço herói quem nela é forte
d) Eu o vi certamente (e não presumo
   Que a vista me enganava) – levantar-se
   No ar um vaporzinho e sutil fumo
e) Mas ia por diante o monstro horrendo,
   Dizendo nossos fados, quando alçado,
   Lhe disse eu: "Quem és tu? Que esse estupendo
   Corpo, certo, me tem maravilhado!"

Para responder às questões de 56 a 75, leia com atenção esta poesia medieval:

Cantiga Sua, Partindo-se
Senhora, partem tão tristes
Meus olhos por vós, meu bem,
Que nunca tão tristes vistes
Outros nenhuns por ninguém

Tão tristes, tão saudosos,
Tão doentes da partida,
Tão cansados, tão chorosos,
Da morte mais desejosos
Cem mil vezes que da vida.
Partem tão tristes os tristes,

Tão fora de esperar bem,
Que nunca tão tristes vistes
Outros nenhuns por ninguém.

João Roiz de Castelo Branco – Do Trovadorismo Português
Do livro: "O Texto em Análise" - Antônio Afonso Borregana
Texto Editora – Lisboa, Páginas 10 - 13
As questões 58 a 60 e 75

56. O tema desta Cantiga virá a ser um dos temas mais queridos da Literatura do Renascimento e muito querido por Camões. A cantiga trata o tema:

a) da separação, da despedida;

b) do encontro, da aproximação;

c) do afeto, da ternura;

d) da saudade, da lembrança;

e) da doença, da morte.

57. Então, identifique nos versos de Camões o mesmo tema desta Cantiga:

a) Mudam-se os tempos, mudam-se as vontades,
   Muda-se o ser, muda-se a confiança;
   Todo mundo é composto de mudança,
   Tomando sempre novas qualidades.

b) O dia em que nasci moura e pereça,
   Não o queira jamais o tempo dar;
   Não torne mais ao mundo e, se tornar,
   Eclipse nesse passo o Sol padeça.

c) Amor é fogo que arde sem se ver,
   É ferida que dói e não se sente;
   É um contentamento descontente,
   É dor que desatina sem doer.

d) A madrugada só, quando amena e marchetada
   Saía, dando ao mundo claridade
   Viu apartar-se de uma outra vontade
   Que nunca poderá ver-se apartad

e) Tudo passei; mas tenho tão presente
A grande dor das cousas que passaram,
Que as magoadas iras me ensinaram
A não querer já nunca ser contente.

58. Assinale a alternativa falsa:
a) o estado psicológico do emissor é de profundo desalento e tristeza, devido ao fato de ter de se separar da mulher que ama;
b) esta tristeza é acentuada pelos adjetivos tristes (seis vezes), saudosos, doentes, cansados, chorosos;
c) também acentua a tristeza a oração consecutiva ("tão tristes / que nunca tão tristes vistes / outros nenhuns, por ninguém") que põe a tristeza do emissor acima da tristeza de qualquer outro amante;
d) a tristeza é tamanha que, revoltado, o emissor prefere a morte da amante à sua partida ("Da morte mais desejosos/ Cem mil vezes que da vida");
e) sem a amada, o emissor está longe de sentir a felicidade ("Tão fora de esperar bem").

59. O poema nos revela que a mulher é superior, inacessível, distante, objeto de um amor platônico dentro dos moldes da donzela do amor cortês. Esta superioridade da mulher em relação ao amante nos é revelada por duas palavras:
a) tristes (sentimento amargo) e olhos (janelas da alma);
b) senhora (vocativo aristocrático) e vós (plural majestático);
c) partem (separação) e nenhuns (plural arcaico);
d) saudosos (adjetivo essencialmente português) e chorosos (indicador de solidão e sofrimento);
e) cem mil (exagero de conceito) e ninguém (exclusão de todos em favor de um).

60. Assinale a alternativa errada: São muito importantes na expressão da mensagem quatro palavras; exceto, pois, uma:
a) "Senhora" (designando a amada) revela o objeto do amor;

b) "olhos" (personificando o poeta) revelam o sujeito do amor;
c) "meu bem" (apreciação reflexiva) equivale à "minha felicidade", "minha tranquilidade";
d) "tristes" (seis vezes no texto) realça o estado psicológico do sujeito;
e) partem (verbo) indica a ação, o fato que dá origem à tristeza do sujeito.

61. Só em um dos versos abaixo aparece, assinalado, um adjetivo substantivado:
a) <u>Senhora</u>, partem tão tristes
b) meus <u>olhos</u> por vós, meu bem
c) tão doentes da <u>partida</u>
d) da <u>morte</u> mais desejosos
e) partem tão tristes os <u>tristes</u>

62. Os adjetivos aparecem para qualificar os olhos. São eles: tristes, saudosos, doentes, cansados, chorosos, desejosos da morte. Estão os adjetivos dispostos em ordem:
a) paralela
b) antitética
c) ascendente
d) descendente
e) regressiva

63. Só em um dos versos abaixo aparece, assinalado, um verbo substantivado:
a) Senhora, <u>partem</u> tão tristes
b) que nunca tão tristes <u>vistes</u>
c) outros <u>nenhuns</u> por ninguém
d) tão doentes da <u>partida</u>
e) tão fora de <u>esperar</u> bem

64. Três orações subordinadas. Duas consecutivas no final de cada estrofe e outra aqui em destaque, grifada:

"*Da morte mais desejosos*
cem mil vezes que da vida"
classificada como:
a) causal
b) comparativa
c) final
d) concessiva
e) temporal

65. À repetição de dois versos, no final de cada estrofe, à repetição do advérbio "tão" (tão tristes, tão saudosos, tão doentes, tão cansados, tão chorosos,...) dá-se o nome de:
a) anáfora
b) metáfora
c) elipse
d) silepse
e) anacoluto

66. "*Da morte mais desejosos*
cem mil vezes que da vida"
Certamente um exagero a que chamamos:
a) zeugma
b) metonímia
c) sinédoque
d) hipérbole
e) prosopopeia

**67. O sentido denotativo é aquele dado pelo dicionário. Na denotação, o sentido é referencial, próprio, usual ou literal. Conotação é o sentido que a palavra ganha, no texto, por força das figuras de linguagem, comparações, associações de ideias. Dê a conotação (o sentido que o autor deu à palavra no texto) da palavra grifada:

"Senhora, partem tão tristes
Meus <u>olhos</u> por vós, meu bem..."

a) órgão da visão
b) nascente de água que rebenta do solo
c) óculos, luneta
d) sentimento, desejo ardente
e) o próprio poeta – a parte pelo todo (sinédoque)

68. Dê também a conotação da palavra grifada. (Sentido que o autor deu a ela no texto):

"Da morte mais desejosos
<u>cem mil</u> vezes que da vida"

a) algumas vezes
b) várias vezes
c) todas as vezes
d) bastantes vezes
e) infinitas vezes

69. Assinale a alternativa falsa:

a) o texto encerra uma cantiga medieval, em duas estrofes de 4 e 9 versos respectivamente. Todos os versos são decassílabos, alguns graves, outros agudos; a rima é soante num esquema rímico: ababcdccdabab;
b) esta cantiga é um queixume saudoso, melancólico, que o poeta faz para a pessoa amada no momento da separação. Parece ser um gemido de tristeza no momento da despedida;
c) chama-se Cantiga de Amor porque é o homem quem fala; chamar-se-ia Cantiga de Amigo se a mulher falasse;
d) o nome Cantiga advém da íntima relação entre o texto e a música. Compunha-se o poema, prevendo-se o acompanhamento musical;
e) o amor que o poeta expressa pela amada é platônico e espiritual; nada há de carnal e sensual.

70. Observe o excesso de letras "s" empregadas no texto. Vieram ao texto para realçar o sentimento, a dor, o suspiro, o gemido do instante que precede a despedida:

"Que nunca tão tristes vistes
Outros nenhuns por ninguém"

A esta aliteração podemos chamar de comunicação:
a) principal
b) secundária
c) referencial
d) fática
e) apelativa

71. Este poema de melopeia tristonha, amargurada, plangente e murmurante tornou célebre seu autor João Roiz de Castelo Branco, um dos mais destacados poetas do paço real, durante o reinado de D. João II e um dos mais importantes poetas de:
a) o renascimento
b) o Barroco
c) o Cancioneiro Geral
d) a Historiografia
e) o Gongorismo

72. Seguem-se os nomes de trovadores da época medieval. Só, em uma alternativa, aparece um poeta do renascimento. Identifique-o:
a) D. Dinis
b) Aires Nunes
c) Garcia de Resende
d) Sá de Miranda
e) João Garcia de Guilhade

73. No texto, aparecem dois vocativos, invocações da pessoa a quem o poeta se dirige neste discurso direto. Um deles é "Senhora". O outro:

a) meu bem
b) outros nenhuns
c) ninguém
d) tão tristes os tristes
e) esperar bem

74. Observe: "Tão tristes, tão saüdosos". Na ortografia oficial do Português do Brasil, agora revogado, usava-se o trema tão somente sobre o "u" dos dígrafos "gu" e "qu", nos vocábulos em que essa letra, seguida de "e" ou "i", é proferida: agüentar, eqüidade. No entanto, o poeta assinalou o trema na letra "u" de saudosos. Agiu assim, porque:

a) se enganou. Um pequeno erro de gramática da língua;
b) quis pôr em destaque o adjetivo "saudoso", sem correspondência em outro idioma;
c) quis formar, entre as vogais, um hiato, não um ditongo, ganhando uma sílaba poética: sa – u – do – sos;
d) assinalou em "saudosos" o trema facultativo tal qual o acento secundário em sòmente, amàvelmente;
e) o trema é obrigatório sobre a letra "u" da palavra saudosos.

75. Leia o texto de Antônio Afonso Borregana. Na transposição dele cometemos, de propósito, um erro de português. Identifique-o:
"A lírica trovadoresca desenvolveu-se na Idade Média (época feudal), viveu a expensas de cortes e de casas senhoriais, onde, aliás, residiam a maioria dos trovadores (compositores) e donde os jograis (recitadores) recebiam os seus proventos. Surgiram as cidades e as vilas. Novas classes apareceram e se interpuseram entre o senhor que usufruía dos produtos da terra e o servo que os produzia. Apesar do domínio cultural da Igreja, a sociedade criava,

assim, focos de sociabilidade laica, capazes de criar as condições desta literatura individualista. Além disso, convém notar que a literatura recitada pelos jograis, ao contrário da literatura da Igreja (em latim e destinada à formação do clero), utilizava as línguas locais e destinava-se a um público laico e iletrado (nobres, vilões, burgueses). Por estas razões, no dizer de A. J. Saraiva e O. Lopes "é com os jograis que nascem as literaturas românticas e os gêneros modernos de ficção, tais como o poema lírico e o romance". Foi este sopro inspirador vindo da Provença que tornou possível o <u>florescimento</u> lírico da época clássica.

a) à expensas (com crase), já que é um substantivo feminino, equivalente a "despesas" como em à expensas do governo";
b) residia (no singular). o sujeito do verbo é o coletivo "a maioria". Este só pode conduzir o verbo no singular. Só por força da silepse seria possível o plural;
c) interporam (regular). O verbo "interpor" não segue o verbo pôr. Daí interporam, quando eu interpor, se interposse;
d) usufruía os produtos (sem a preposição). Erro grosseiro a preposição junto ao verbo transitivo direto;
e) florecimento (sem o "s" entre "e" e "c". Com o sentido de "prosperar" não tem o "s". Florescer (com "s") é enflorar, fazer produzir flores.

Para responder às questões de 76 a 83, leia com atenção, este soneto de Alberto de Oliveira:

A Estátua

Às mãos o escopro, olhando o mármor: "Quero
- O estatuário disse - uma por uma
As perfeições que têm as formas de Hero
Talhar em pedra que o ideal resuma".

E rasga o Paros. Graça toda e esmero,
A fronte se arredonda em nívea espuma;
Eis ressalta o nariz de talho austero,
Alça-se o colo, o seio se avoluma;

Alargam-se as espáduas; veia a veia
Mostram-se os braços ... Cede a pedra ainda
A um golpe, e o ventre nítido se arqueia;

A curva, enfim, das penas se acentua...
E ei-la, acabada, a estátua heróica e linda,
Cópia divina da beleza nua.

Alberto de Oliveira
Livraria Agir Editora, páginas 21 e 22

Vocabulário

escopro: cinzel; instrumento para lavrar a madeira ou a pedra.
mármor: forma apocopada de mármore.
Hero: sacerdotisa de Afrodite.
Paros: uma das ilhas Ciclades, famosa pela brancura do seu mármore ao qual se refere o poeta, citando, em vez da coisa, o lugar de onde vem a coisa.

76. Neste poema, pelo rigor, do metro, ritmo e rima, percebe-se facilmente tratar-se do estilo de época do:
a) Barroco
b) Romantismo
c) Parnasianismo
d) Simbolismo
e) Surrealismo

77. O movimento literário que você deve ter assinalado corretamente acima, surge:
a) no final da década de 1750 e vai até a publicação de "Suspiros Poéticos e Saudades";
b) com a publicação de "Suspiros Poéticos e Saudades" até o final do romantismo por volta de 1870;
c) no final da década de 1870, prolongando-se até a Semana de Arte Moderna;
d) com a Semana de Arte Moderna até a publicação de "Grandes Sertões: Veredas";
e) com a publicação de "Grandes Sertões: Veredas" até nossos dias.

78. Olavo Bilac defendeu ardentemente o estilo de Alberto Oliveira, nos seguintes versos:
a) Eu quero compor um soneto duro
   como poeta algum ousara escrever.
   Eu quero pintar um soneto escuro,
   seco, abafado, difícil de ler.
   Quero que meu soneto no futuro,
   não desperte em ninguém nenhum prazer.
   E que, no seu maligno ar imaturo,
   ao mesmo tempo saiba ser, não ser.
b) Quero antes o lirismo dos loucos
   o lirismo dos bêbados
   o lirismo difícil e pungente dos bêbados
   o lirismo dos clows de Shakespeare
   - Não quero mais saber do lirismo que não
                                     é libertação
c) Infinitos espíritos dispersos
   Inefáveis, elênicos, aéreos, ...
   fecundai o mistério destes versos
   com a chama ideal de todos os mistérios

d) Torce, aprimora, alteia, lima a frase;
                             e, enfim,
no verso de ouro engasta a rima
                           como um rubim
Assim procedo. Minha pena segue
                           esta norma
por te servir, Deusa serena,
                         Serena Forma!

e) Áureos numes d'Ascreu, ficções risonhas
da culta Grécia amável...
Gentil religião teu culto abjuro,
tuas asas profanas renuncio:
Professo outra fé, sigo outro rito
e para outro altar meus hinos canto.

79. Nunca poderia ter lido este soneto de Alberto de Oliveira:
a) o autor de "Missal e Bróqueis" – livros que inauguram no Brasil o Simbolismo, três anos após ter Eugênio de Castro fundado o movimento em Portugal com o livro "Oaristos";
b) o autor de "Memórias de um Sargento de Milícias";
c) o grande escritor nacional que inaugura entre nós o Realismo quando publica "Memórias Póstumas de Brás Cubas";
d) o autor de "O Mulato" com que nasce o Naturalismo, trazendo ao Brasil o estilo francês de Émile Zola;
e) o criador do romance "O Ateneu" – livro de profundo mergulho psicológico.

80. Identifique os versos escritos no mesmo estilo de Alberto de Oliveira:
a) Ninguém sonha duas vezes o mesmo sonho
Ninguém se banha duas vezes no mesmo rio
Nem ama duas vezes a mesma mulher.
Ainda não estamos habituados com o mundo:
Nascer é muito comprido.

b) O Tejo é mais belo que o rio que corre pela minha aldeia,
   Mas o Tejo não é mais belo que o rio que corre pela minha aldeia,
   Porque o Tejo não é o rio que corre pela minha aldeia.
c) Dê-me um cigarro
   Diz a gramática
   Do professor e do aluno
   E do mulato sabido
   Mas o bom negro e o bom branco
   Da Nação Brasileira
   Dizem todos os dias
   Deixa disso camarada
   Me dá um cigarro.
d) Casas entre bananeiras
   mulheres entre laranjeiras
   pomar amor cantar
   Um homem vai devagar
   Um cachorro vai devagar
   Um burro vai devagar
   Devagar... as janelas olham
   Eta vida besta, meu Deus.
e) Treme o rio a rolar de vaga em vaga...
   Quase noite. Ao sabor do curso lento
   Da água, que as margens em redor alaga,
   Seguimos. Curva os bambuais o vento.

81. "Às mãos o escopro, olhando o mármor...". Se "mármor" é forma apocopada de "mármore", então "cine", no sentido popular, é forma apocopada de:
a) cineasta
b) cinefilia
c) cinemascope
d) cinematógrafo
e) cinemático

82. "Às mãos o escopro, olhando o mármor: "Quero
   – O estatuário disse – uma por uma
   As perfeições que têm as formas de Hero
   Talhar em pedra que o ideal resuma"
"Quero talhar". No texto o núcleo do objeto direto de "quero talhar" é:
a) o mármor
b) o estatuário
c) as perfeições
d) Hero
e) pedra

83. "Talhar em pedra que o ideal resuma". Na voz passiva:
a) Talhar em pedra pela qual ideal seja resumido;
b) Talhar em pedra que pelo ideal seja resumida;
c) Talhar em pedra com que o ideal resuma;
d) Talhar em pedra cujo ideal resuma;
e) Talhar em pedra que pelo ideal será resumida.

Para responder às questões de 84 a 95, leia com atenção este texto de um Sermão de Padre Antônio Vieira:

O Estatuário

"Concedo-vos que esse índio bárbaro seja uma pedra: vede o que faz de uma pedra a arte. Arranca o estatuário uma pedra dessas montanhas tosca, bruta, dura, informe, e, depois que desbastou o mais grosso, toma o maço e o cinzel na mão, e começa a formar um homem, primeiro membro a membro, e depois feição por feição, até a mais miúda: ondeia-lhe os cabelos, alisa-lhe a testa, rasga-lhe os olhos, afila-lhe o nariz, abre-lhe a boca, avulta-lhe as faces, torneia-lhe o pescoço, estende-lhe os braços, espalma-lhe as mãos, divide-lhe os dedos, lança-lhe os vestidos, aqui desprega, ali arruga, acolá recama e fica um homem perfeito, e talvez um santo, que se pode pôr no altar."

Padre Antônio Vieira
Do livro "O Texto em Análise"
Antônio Afonso Borregana
Texto Editora, Lisboa, páginas 22 a 24.
As questões 89 e 90

Vocabulário

desbastar: tornar mais raro, menos denso, desengrossar;
maço: instrumento de madeira para uso dos escultores. Martelo de pau;
cinzel: instrumento cortante usado por escultores;
arrugar: o mesmo que enrugar;
recamar: enfeitar; ornar

84. As produções do estatuário no texto de Alberto de Oliveira e no texto de Padre Antônio Vieira são, respectivamente:
a) uma mulher – um homem;
b) um homem – uma mulher;

c) um homem – um homem;
d) uma mulher – um índio;
e) um homem – um santo.

85. Palavra de classe gramatical que fornece aos dois textos (ao de Alberto de Oliveira e ao de Padre Antônio Vieira) vigor magnífico:
a) o substantivo
b) o verbo
c) o artigo
d) o adjetivo
e) o advérbio

86. Vieira compara a lapidação de uma pedra (o estatuário) e a educação religiosa de um índio (pregador) para provar que:
a) pode-se fazer de um índio um novo homem;
b) o índio é rude e insensível como a pedra;
c) a montanha oferece pedra tosca e bruta; o altar oferece santo;
d) o cinzel faz um homem; a religião faz homem santo;
e) a perfeição do homem é a santidade.

87. O texto de Vieira é constituído de um verdadeiro silogismo: Premissa Maior, Premissa Menor e Conclusão, tal qual o modelo:
Todo homem é mortal
Ora, Sócrates é homem
Logo, Sócrates é mortal.
Vamos montar o silogismo de Vieira:
a) *A pedra, embora bruta e rude, pode ser, através do trabalho do artista, transformada na imagem de um homem*; ora, o índio é bruto e rude como uma pedra; logo, o índio pode ser, através do educador, transformado em um homem religioso e civilizado;
b) *Todo estatuário trabalha com uma pedra dura e informe*; ora, o jesuíta é um estatuário de almas; logo, pode lapidar o índio que é rude e bruto;

c) *Todo estatuário cria sua obra, iniciando-a membro a membro, feição por feição, ou seja, lentamente*; ora, o pregador é um estatuário do caráter; logo, deve educar o índio pouco a pouco, vagarosamente;
d) *O artista pacientemente consegue transformar a pedra em homem, e o homem em santo*; ora, o sacerdote é o artista do espírito; logo, consegue transformar o índio em europeu, e o europeu num santo;
e) *Todo artista faz de uma pedra sua criação, trabalhando intensamente os cabelos, a testa, os olhos, o nariz, a boca...*; ora, o jesuíta é um artista da palavra; logo, deve pregar ao índio, trabalhando intensamente sua crença, seu caráter, seus costumes, sua religião.

88. O texto de Alberto Oliveira e o texto de Padre Antônio Vieira, ambos com os verbos no presente do indicativo, estão redigidos na modalidade, respectivamente:
a) descrição – dissertação
b) dissertação – descrição
c) dissertação – dissertação
d) narração – narração
e) descrição – descrição

89. O texto de Vieira faz parte de um Sermão pronunciado a favor dos indígenas do Brasil contra as prepotências e as explorações de alguns colonos portugueses. Só não é possível inferir desse Sermão o seguinte:
a) O autor descreve a forma difícil, complicada e morosa como o estatuário esculpe uma estátua. Partindo de uma pedra informe das montanhas, o escultor vai desbastando, pouco a pouco, num trabalho aturado, cuidadoso e sutil, até chegar ao fim de sua obra – um homem perfeito;
b) A pedra tosca, dura, bruta, informe, arrancada das montanhas, é o indígena selvagem e inculto. Assim como o escultor faz de uma pedra bruta uma estátua perfeita, também o homem civilizado poderá fazer de um indígena selvagem um homem perfeito, até um santo;

c) O esforço que é preciso dispender na obra é logo sugerido pela primeira palavra do texto arranca. O Autor não disse: toma uma pedra, mas arranca uma pedra (é preciso força para arrancar);
d) O pregador tem em vista sobretudo o aperfeiçoamento moral, pois a "um homem perfeito" acrescenta "e talvez santo". E, segundo uma perspectiva cristã, a santidade constrói-se pelo aperfeiçoamento moral da pessoa humana;
e) Sob o aspecto da linguagem e do estilo, também o seu merecimento não é diminuído. A precisão do vocabulário testemunha o domínio da Língua e a capacidade analítica de Vieira. Certamente pregado no Brasil Colônia do início do século XVI, é o testemunho mais eloqüente do alvorecer de nossa História.

90. A precisão vocabular, no texto de Vieira, é singular na Literatura luso-brasileira. Observe:
"Arranca o estatuário uma pedra dessas montanhas, tosca, bruta, dura, informe; ..."
Suponhamos a redação:
"Tira o estatuário uma pedra das montanhas, bruta, tosca, informe, dura;..."
Assinale a alternativa falsa:
a) A nova redação não alterou o sentido expresso na redação original.
b) Contudo, artisticamente, prefere-se a primeira redação à segunda. Naquela existem ritmo e sonoridade;
c) O verbo "tirar", na segunda redação, não tem o mesmo valor de "arrancar" da primeira redação. Quem tira puxa, saca. Quem arranca tira com violência;
d) O adjetivo "informe" deve ocupar a posição que ocupa no texto original. Um adjetivo, com três silabas, merece ser colocado por último em nome da sonoridade;
e) A eliminação do demonstrativo na expressão "dessas montanhas" dá a entender que se trata agora de qualquer montanha existente. No texto de Vieira, "dessas" indica algumas montanhas que do local o pregador aponta e os ouvintes veem.

91. "Concedo-vos que esse índio bárbaro seja uma pedra: vede o que faz de uma pedra a arte".
Com o receptor da mensagem na 2ª pessoa do singular, escreveríamos assim:
a) Concedo-te que esse índio bárbaro seja uma pedra: vês o que faz de uma pedra a arte;
b) Concedo-te que esse índio bárbaro seja uma pedra: vê o que faz de uma pedra a arte;
c) Concedo-lhe que esse índio bárbaro seja uma pedra: veja o que faz de uma pedra a arte;
d) Concedo-te que esse índio bárbaro seja uma pedra: vejas o que faz de uma pedra a arte;
e) Concedo-lhes que esse índio bárbaro seja uma pedra: vejam o que faz de uma pedra a arte.

92. "... ondeia-lhes os cabelos, alisa-lhe a testa, rasga-lhe os olhos, afila-lhe o nariz, abre-lhe a boca, avulta-lhe as faces...".O sujeito subentendido de todos estes verbos é:
a) esse índio
b) uma pedra
c) a arte
d) o estatuário
e) um santo

93. "Arranca o estatuário uma pedra dessas montanhas...". Elegante é a construção como objeto direto repetido, redundante, pleonástico:
a) o estatuário arranca-o uma pedra dessas montanhas;
b) uma pedra dessas montanhas arranca-a o estatuário;
c) ele, o estatuário, arranca uma pedra dessas montanhas;
d) uma pedra dessas montanhas é arrancada pelo estatuário;
e) arranca, tira, arrebata o estatuário uma pedra dessas montanhas.

94. O texto de Alberto faz a seguinte evolução: mármore – busto – braços – ventre – pernas – cópia divina da beleza nua. O texto de Vieira faz a seguinte evolução:

a) a arte → a pedra → as pernas, os membros → o índio → um homem → um santo;
b) bárbaro → estatuário → pedra → maço e cinzel → santo;
c) pedra → membro → busto → braços → mãos → homem → santo talvez;
d) santo → homem → índio → pedra;
e) índio bárbaro → pedra → a arte → o estatuário → um homem → talvez um santo.

95. Observe em Alberto de Oliveira:

"rasga".. "a fronte se arredonda".. "ressalta o nariz".. "alça o colo".. "o seio se avoluma".. "alargam-se as espáduas"...

Observe em Padre Vieira:

"ondeia-lhe os cabelos"... "alisa-lhe a testa"... "rasga-lhe os olhos"... "afila-lhe o nariz"... "abre-lhe a boca"...

Então, é provável que:

a) Vieira tenha lido "A Estátua" de Alberto de Oliveira;
b) Vieira tenha lido "A Estátua" de Alberto de Oliveira e este tenha lido o "Sermão" de Vieira;
c) Vieira plagiou "A Estátua" de Alberto de Vieira;
d) Alberto de Oliveira tenha lido o "Sermão" de Vieira;
e) Alberto de Oliveira tenha plagiado o "Sermão" de Vieira.

Texto para as questões de 96 a 105:

Um Genocídio

"Se há por aí alguém com orgulho de sua civilização e com boa consciência quanto à maneira como estamos a tratar estes "escombros do tempo", perca depressa <u>um</u> e <u>outra</u> porque estamos a praticar um <u>genocídio</u> e a condenar uma grande parte da humanidade ao azedume e à amargura.

Mesmo procurando vencer um certo pendor piegas que, algumas vezes, me acode à garganta e aos olhos, temos de reconhecer que a relação do mundo com a velhice se está tornando cada vez mais cruel. Não são os anos que são cruéis mas é o ritmo que imprimimos a estas sociedades ansiosas e dinâmicas, que impiedosamente tortura quem não serve os nossos imediatos interesses, e é também uma concepção da vida que tem como o único modelo a juventude, o movimento e os padrões vitais e estético que a ambos se referem.

No entanto, julgo que o grau de incivilização a que chegamos pode ser medido, entre outras coisas pela maneira como tratamos os velhos. Mesmo as sociedades selvagens tinham, para seus velhos, um lugar e uma função: nós vivemos como se os velhos não existissem ou, perante a sua irrecusável existência, como se eles estivessem a mais. Uma escondida tentação de <u>eutanásia social</u> revela-se, envergonhada mas suficiente, na maneira como os tratamos.

Eu, pessoalmente, tenho bem consciência da presença e da função dos velhos na minha vida. O meu avô Antônio, a passear comigo pelas quintas, dizia-me coisas da história. Quando o acontecimento surgia, dava-me conta do seu significado.

A verdade é que a nossa vida deixou de comportar os velhos e por isso deixamos de saber o que é o ciclo da vida, isto é, o tempo humano. Damos como imagem do mundo um cenário falsificado. Por isso a infância e a juventude têm hoje, do tempo, a ideia duma falsa vitalidade que avança, linearmente, no empreendimento, no projeto, no progresso, na novidade...

O velho, com a sua morte próxima e a sua sabedoria, deixou de estar presente. Então de repente surge a angústia do tempo vazio porque desaprendemos de ver o fim da vida, desta coisa simples: cada Primavera reencontra a Primavera próxima, com a sabedoria das outras estações, e, por isso, a encontra e a reinventa. Porque expulsamos a velhice dos nossos ritmos cotidianos, expulsamos a própria inteligência da vida que é tempo circular, tempo reinventado."

De Alçada Baptista, Peregrinação Interior - Edições Bonanza
Páginas 47 - 51 / "Exames AD HOC" - Portugal
As questões 96 a 99 e 105

Destacamos este parágrafo para as questões de 96 a 100:

"Se há por aí alguém com orgulho de sua civilização e com boa consciência quanto à maneira como estamos a tratar estes "escombros do tempo", perca depressa um e outra porque estamos a praticar um genocídio e a condenar uma grande parte da humanidade ao azedume e à amargura".

96. A palavra um, grifada no texto, refere-se a:
a) "orgulho da sua civilização"
b) "boa consciência"
c) "maneira como estamos a tratar"
d) "escombros do tempo"
e) "genocídio"

97. A palavra outra, grifada no texto, refere-se a:
a) "orgulho da sua consciência"
b) "boa consciência"
c) "maneira como estamos a tratar"
d) "escombros do tempo"
e) "genocídio"

98.. "Genocídio", grifado no texto, significa um crime contra a humanidade. Consiste em aniquilar totalmente ou em parte, um grupo social, uma nação, uma seita. Mas, no texto, <u>genocídio</u> significa:

a) a destruição da civilização humana
b) o aniquilamento da boa consciência
c) os escombros do tempo
d) a destruição psicológica com que são tratados os velhos
e) a maneira desastrada como estamos a tratar a civilização

99. "Estamos a condenar uma grande parte da humanidade ao azedume e à amargura".
"Grande parte da humanidade" são:

a) os pobres
b) os civilizados
c) os velhos
d) os conscientes
e) os orgulhosos

100. Este parágrafo que se leu, pode ser resumido assim:

a) A civilização está doente. Só onde existe morte é possível haver ressurreição
b) Ter consciência e ser civilizado são coisas que não se coadunam. A civilização exclui qualquer manifestação consciente
c) A nossa civilização não pode estar orgulhosa e satisfeita, nem viver em paz de espírito, porque nos dias de hoje, em muitos lugares, ainda se pratica uma certa forma de genocídio
d) O genocídio que se praticou na última Grande Guerra não ensinou os homens a serem civilizados e conscientes
e) Azedume e amargura são os valores negativos que podemos deduzir desta civilização inconsciente e injusta

101. "A verdade é que a nossa vida deixou de comportar os velhos". A oração grifada tem a mesma função sintática da expressão grifada na alternativa:
a) Damos um cenário falsificado
b) A infância e a juventude têm hoje do tempo a ideia duma falsa vitalidade
c) Então de repente surge a angústia do tempo vazio
d) Cada Primavera reencontra a Primavera próxima
e) ... inteligência da vida que é tempo circular, tempo reinventado

102. "A verdade é que a nossa vida deixou de comportar os velhos e por isso deixamos de saber o que é o ciclo da vida, isto é, o tempo humano".
O conectivo isto é liga os termos oracionais, oferecendo a ideia de:
a) adversidade
b) alternativa
c) conclusão
d) explicação
e) concessão

103. "No entanto, julgo que o grau de incivilização a que chegamos...". "Incivilização" sinônimo de barbaria; estado de atraso social e cultural. O autor conseguiu a nova palavra com o seguinte processo: in + civilização a que chamamos:
a) derivação prefixal
b) derivação sufixal
c) derivação parassintética
d) composição por justaposição
e) composição por aglutinação

104. "Uma escondida tentação de eutanásia social revela-se, envergonhada mas suficiente na maneira como o tratamos".
Eutanásia social, no texto, significa:

a) distanásia
b) ignorar os velhos e daí antecipando-lhe a morte
c) morte dolorosa
d) morte sem sofrimento, morte bela, morte feliz
e) suavização de uma ideia rude ou desagradável

105. Assinale a alternativa que não se pode inferir nem deduzir deste texto:

a) as características que o autor atribui à sociedade atual são o dinamismo, o ritmo apressado e impiedoso que sacrificam tudo em nome dos interesses pessoais e imediatos;
b) a concepção de vida tem como modelo a juventude, o movimento e os respectivos padrões em oposição aos velhos que são marginalizados e segregados da vida;
c) o modo como se tratam os velhos é suficientemente negativo para deixar transparecer o desejo e os sentimentos da sociedade. Mas tal desejo é "envergonhado" porque parece mal dizê-lo em voz alta;
d) a falta de consciência dos jovens com os velhos implica a falta de harmonia social, a falta de afetividade e a perda da noção do ciclo humano na formação da concepção da vida e do tempo;
e) a morte é o sinal de igual na equação da vida. Tudo se reduz à igualdade. Assim, os velhos são desprezados porque quando jovens desprezaram os velhos. O velho entende perfeitamente o jovem porque já foi jovem.

Depois de ler atentamente as poesias que se seguem, responda as questões de 106 a 115.

Texto A
O Sonho
Pelo Sonho é que vamos,
comovidos e mudos.
Chegamos? Não chegamos?
Haja ou não haja frutos,
pelo sonho é que vamos.

Basta a fé no que temos,
Basta a esperança naquilo
que talvez não teremos.
Basta que a alma demos,
com a mesma alegria,
ao que desconhecemos
e do que é do dia-a-dia.

Chegamos? Não chegamos?

- Partimos. Vamos. Somos.
Sebastião da Gama
"Pelo Sonho é que Vamos"

Texto B
O Quinto Império

Triste de quem vive em casa,
Contente com o seu lar,
Sem que um sonho, no erguer de asa,
Faça até mais rubra a brasa
Da lareira a abandonar!

Triste de quem é feliz!
Vive porque a vida dura.
Nada na alma lhe diz
Mais que a lição da raiz
Ter por vida a sepultura.

Eras sobre eras se somem
No tempo que em eras vem.
Ser descontente é ser homem.
Que as forças cegas se domem
Pela visão que a alma tem!

E assim, passados os quatro
Tempos do ser que sonhou,
A terra será teatro
Do dia claro, que no atro
Da erma noite começou.

Grécia, Roma, Cristandade,
Europa-- os quatro se vão
Para onde vai toda idade.
Quem vem viver a verdade
Que morreu D. Sebastião?

Fernando Pessoa
De "Exames Nacionais de Português" – Editora Sebenta
Avelino Soares Cabral – Páginas 31-34
As questões 106 a 110 e 115

106. Nestes dois poemas, deparamos com a mesma concepção da existência humana:

a) O sonho é que deve comandar a alma humana;
b) Viver é o mesmo que estar, há muito tempo, doente;
c) A vida é uma fábula sem sentido contada por um idiota;

d) A marcha da ciência é como a do homem no deserto: o horizonte foge sempre;
e) Se o mundo fosse feito de ouro, os homens se matariam por um punhado de barro.

107. Observe o texto A:
   - **A repetição anafórica**
      . **Basta a fé...**
      . **Basta a esperança...**
      . **Basta que a alma demos...**
- **A gradação crescente das três formas verbais no último verso:**
      "... Partimos. Vamos. Somos!".

São marcas textuais de um tom:
a) tímido
b) contemplativo
c) exortativo
d) devasso
e) rutilante

108. Observe no texto B:
- **A repetição anafórica da palavra "triste".**
- **A expressividade das exclamações**
- **O paradoxo:**
   "Triste de quem vive em casa contente..."
   "Triste de quem é feliz!"

São marcas textuais de um tom:
a) místico
b) buliçoso
c) cíclico
d) descontínuo
e) reflexivo

109. Observe no texto A:

- a preocupação em influenciar o comportamento do destinatário, sobretudo através da repetição, mas também da interrogação:

"Chegamos? Não chegamos?"
"Pelo sonho é que vamos"
"Basta a fé..."
"Basta a esperança..."
(...)
"Basta que a alma demos"

Então, a função da linguagem predominante no texto é a função:
a) referencial
b) apelativa
c) emotiva
d) fática
e) épica

110. A melhor interpretação para o texto A:

a) Quem sonha não vive a realidade. Sonhar é fuga, evasão, covardia, posto que, sonhando, não se colhem frutos;
b) Sonhar é estar mudo, já que o inconsciente conduz a vida. Nada somos, senão peteca à mercê do primeiro impacto que nos atinge;
c) O sujeito lírico pretende demonstrar que o importante não será necessariamente atingir o objetivo pretendido, mas estar disponível para partir, de novo, a qualquer momento. Sem partir, sem disponibilidade, cedendo à inércia, nada se consegue;
d) Fé e esperança são entes abstratos. A fé manda acreditar naquilo que a ciência não prova. A esperança naquilo que não se terá, é mera ilusão;
e) Chegar ou não chegar pouco importa. Importa saber que deixar-se ficar sob a árvore, à espera do fruto, é estar disposto a comê-lo podre.

111. "Basta que a alma demos, / (...) / ao que desconhecemos / e ao que é do dia-a-dia".

"Dia-a-dia": Substantivo formado pela união de três palavras, todas conservando sua individualidade fonética. Processo de formação de palavras a que chamamos:
a) derivação prefixal
b) derivação sufixal
c) derivação parassintética
d) composição por justaposição
e) composição por aglutinação

112. "Pelo sonho é que vamos, / comovidos e mudos"
Assinale a análise errada que se faz:
a) a oração "que vamos comovidos e mudos" é oração subordinada substantiva predicativa;
b) "é que" é meramente termo expletivo, sem qualquer função sintática no texto: Pelo sonho vamos comovidos e mudos;
c) "comovidos e mudos" – adjetivos que exercem a função sintática de predicativos do sujeito;
d) fossem femininos o sujeito da oração, escreveríamos: "Pelo sonho é que vamos / comovidas e mudas";
e) "onírico" é o adjetivo que se refere a "sonho": "Lembrança do sonho" / "Lembrança onírica".

113. "Basta que a alma demos, / com a mesma alegria, / ao que desconhecemos / e ao que é do dia-a-dia".
Assinale alternativa errada:
a) "Basta" – o verbo bastar tem como sujeito a oração que lhe segue;
b) "a alma – com pronome no lugar de "a alma", escreveríamos assim: "Basta que a demos, / com a mesma alegria, / ao que desconhecemos / e ao que é do dia-a-dia;
c) "ao que desconhecemos" "e ao que é do dia-a-dia". Com pronome no lugar de ambas as expressões, escreveríamos: "Basta que a alma lhes demos / com a mesma alegria";

d) "ao que desconhecemos / e ao que é do dia-a-dia". "Que" em ambos os casos, funciona como o sujeito da oração, o primeiro do verbo "desconhecer"; o segundo do verbo "ser";

e) "Basta que a alma demos ". O verbo bastar está conjugado no presente do indicativo e o verbo dar no presente do subjuntivo.

114. Rica é a rima que se processa entre palavras de diferente classe gramatical. Pobre é a rima que se processa entre palavras de mesma classe gramatical. Identifique a rima pobre:

a) Triste de quem é feliz
   nada na alma lhe diz
b) Triste de quem vive em casa
   Faça até mais rubra a brasa
c) Contente com o seu lar
   Da lareira a abandonar
d) Vive porque a vida dura
   Ter por vida a sepultura
e) E assim passados os quatro
   A terra será teatro

115. "Quinto Império" foi extraído do livro "Mensagem" . Coletânea de poesias, em geral breve, concisas, compostas em épocas diferentes, tem, no entanto, unidade de inspiração. Percorre-a um sopro patriótico de exaltação e de incitamento. Só uma das alternativas não se refere ao poema "Quinto Império" e, por conseguinte à Coletânea "Mensagem":

a) "História de Portugal como missão transcendente a cumprir" – Dalila Pereira da Costa;

b) "Fernando Pessoa preocupou-se seriamente com o estado de decadência em que Portugal se encontrava. Sonhou fazer algo pelo ressurgimento nacional"- Onésimo Teotônio de Almeida;

c) Da visão profunda, que, na escuridão, vê já a luz, brota a certeza poética de um novo domínio, de um quinto império. É da morte de D. Sebastião que nasce o "sonho" que faz a "brasa" "mais rubra" – Maria Almeida Soares;

d) "Aponta para o futuro, que é promessa, expectativa messiânica, visionação, espírito da História a cumprir-se o (Quinto) Império do Espírito" – Avelino Soares Cabral;
e) "A felicidade consiste em gozar de leve os instantes volúveis, buscando o mínimo de dor ou gozo, colhendo as flores para logo as largar das mãos, iludindo o curso dos dias com promessas, vagamente distraídos, mas distraídos por cálculos, por malícia" – Jacinto do Prado Coelho.

Para responder às questões de 116 a 130, leia atentamente o soneto:

Se é doce no recente, ameno estio
Ver toucar-se a manhã de etéreas flores,
E, lambendo as areias e os verdores,
Mole e queixoso deslizar-se o rio;

Se é doce no inocente desafio
Ouvirem-se os voláteis amadores,
Seus versos modulando e seus ardores
De entre os aromas de pomar sombrio;

Se é doce mares, céus ver anilados
Pela quadra gentil, de Amor querida,
Que esperta os corações, floreia os prados,

Mais doce é ver-te de meus ais vencida,
Dar-me em teus brandos olhos desmaiados
Morte, morte de amor, melhor que a vida.

Bocage
Do livro "O Texto em Análise"
Antônio Afonso Borregana – no Texto Editora - Lisboa - Páginas 44-46
As questões 116-117, 119 e 127

Vocabulário

Estio: Verão;
Toucar: Cobrir com touca; adornar; enfeitar; embelezar;
Etérea: Sublime; pura; elevada;
Volátil: O que pode voar, "voláteis amadores" "são os pássaros";
Quadra: Estação; sazão; época.

116. Leia o texto que segue e identifique o uso inadequado da vírgula:

O poeta, dirigindo-se à sua amada, afirma-lhe, que, se é doce ver a suave alegria da manhã enfeitada de flores e amenizada pelo deslizar do manso rio, se é doce ouvir o chilrear dos passarinhos entre os aromas dos pomares, se é doce ver o suave colorido do mar e dos céus, mais doce é poder morrer de amor na posse da sua amada.

a) o poeta, dirigindo-se... – a vírgula é inadequada, porque não se separa o verbo (dirigindo-se) de seu sujeito (o poeta);
b) amada, afirma-lhe... – a vírgula é inadequada, porque se separaram os termos de uma mesma oração;
c) afirma-lhe, que... – a vírgula é inadequada, porque não se separaram o verbo (afirma-lhe) de seu objeto direto (que mais doce é poder morrer de amor...);
d) que, se é doce... – a vírgula é inadequada porque não se separa a conjunção integrante "que" da conjunção condicional "se";
e) ... manso rio, se é doce... – a vírgula é inadequada, porque a conjunção condicional "se" é suficiente para separar as orações.

117. O assunto do poema se desenvolve em duas partes lógicas. Primeiro, a doçura que há em observar e sentir as delícias de uma natureza suavemente alegre; depois, a doçura que o sujeito lírico experimenta ao cair nos braços da amada, vencida pelo seu amor.

O verso que estabelece a ligação entre as duas partes é:

a) se é doce no inocente desafio...;

b) se é doce mares, céus ver anilados;

c) pela quadra gentil, de amor querida;

d) mais doce é ver-te de meus ais vencida;

e) dar-me em teus brandos olhos desmaiados.

118. As duas partes lógicas que se comparam, não são iguais em doçura, porque se é doce sentir a natureza, mais doce é:

a) ver a manhã enfeitada;

b) ver o rio deslizar-se pelo campo;

c) cair nos braços da namorada;

d) ouvir o canto dos pássaros;

e) dar a morte ao amor não correspondido.

119. A suavidade desta natureza clara, alegre, ao nascer do sol irradiando ao mesmo tempo alegria, serenidade e paz indica-nos que se trata de um poema do Arcadismo. O árcade apresenta duas tendências, presentes neste soneto: Neoclassicismo e Pré-Romantismo. É neoclássico na medida que imita os antigos:

a) o homem é conduzido pela fé;

b) liberdade rítmica e rímica;

c) celeste, espiritual, místico;

d) soneto de versos decassílabos;

e) linguagem coloquial.

120. É pré-romântico quando, como na passagem deste soneto, predomina a emoção, fazendo prever o movimento romântico que há de vir no século XIX. Assinale o verso pré-romântico:

a) ver toucar a manhã de etéreas flores;

b) mole e queixoso deslizar-se o rio;

c) ouvirem-se os voláteis amadores;

d) dentre os aromas de pomar sombrio;

e) morte, morte de amor, melhor que a vida.

121. Leia o gráfico:

Então, Bocage retoma a poesia de Camões e anuncia a poesia de:
a) Gil Vicente e Sá de Miranda;
b) Antônio Vieira e Gregório de Matos;
c) Cláudio Manoel da Costa e Tomás Antônio Gonzaga;
d) Álvares de Azevedo e Almeida Garret
e) Olavo Bilac e Antero de Quental

122. Em todas as alternativas aparecem os elementos neoclássicos, exceto em uma delas. Reconheça-a:
a) a natureza revela-se quando a amada está presente;
b) a natureza assemelha-se ao paraíso, porque é amena, harmoniosa, alegre e luminosa;
c) presença da mulher amada;
d) divinização da mulher amada;
e) o sujeito exalta Deus na medida em que valoriza sua criação: a natureza.

123. Em todas as alternativas aparecem elementos pré-românticos, exceto em uma delas. Reconheça-a:
a) soneto (duas quadras e dois tercetos) com rima predominantemente consoante;
b) o amor como fonte de prazer;
c) amor sensual dado pelo último verso;
d) importância atribuída ao sentimento do amor;
e) subordinação da vida ao amor.

124. Os versos são heróicos com acento na 6ª e 10ª sílabas. Observe:

Se é	do	ce	no	re	cen	te, a	me	no es	ti	o
1	2	3	4	5	6 x	7	8	9	10 x	

Contudo, existe no poema verso sáfico, com acento na 4ª, 8ª e 10ª sílabas. Reconheça-o:

a) Ver toucar-se a manhã de etéreas flores;
b) mole e queixoso deslizar-se o rio;
c) se é doce no inocente desafio;
d) ouvirem-se os voláteis amadores;
e) seus versos modulando e seus ardores.

125. Observam-se no soneto a rima interpolada, a rima emparelhada e a rima cruzada, segundo o esquema:

a) AAAb - bbAA - CDD - DCC
b) AbAb - AbAb - ccD - DDC
c) AAbb - AAbb - ccc - DDD
d) AbbA - AbbA - CDC - DCD
e) AAbb - bbAA - ccD - DCC

126. "Doce" é o adjetivo chave na construção do soneto. Ele se repete no princípio das estrofes ("Se é doce...", "Se é doce...", "Se é doce...") e na última no grau comparativo de superioridade ("mais doce é..."). A esta repetição dá-se o nome de:

a) anáfora
b) metáfora
c) silepse
d) anacoluto
e) elipse

127. Essa repetição ("Se é doce...", "Se é doce...", "Se é doce...") mostra a grande doçura que há na fruição da natureza, para realçar:

a) a doçura do ameno verão;
b) a calma do rio que vagamente desliza;
c) o canto doce e alegre dos pássaros;
d) o aroma das flores no campo;
e) a infinita doçura encontrada na posse da amada.

128. O soneto é muito rico na expressão de sensações. Estabeleça a associação:
I - "doce" (quatro vezes); rio "lambendo" a areia;
II - "ver" (três vezes); pomar "sombrio"; céus "anilados";
III - "ameno" estio; rio "mole"; "brandos" olhos;
IV - "queixoso" rio; "ouvirem-se";
V - "aromas" de pomar.
(   ) sensações olfativas
(   ) sensações auditivas
(   ) sensações tácteis
(   ) sensações visuais
(   ) sensações gustativas
Encontramos o seguinte resultado:
a) I – II – III – IV – V
b) V – IV – III – II – I
c) I – V – III – II – IV
d) III – IV – V – I – II
e) V – IV – I – II – III

129. Observe-se:
"Doce" – que tem o sabor mais ou menos semelhante ao do mel;
"Ver" – perceber por meio da vista;
"Ouvir" – perceber pelo sentido do ouvido.

"Se é doce ... ver ..."
"Se é doce ... ouvirem-se..."

A esse cruzamento de sensações a gramática dá o nome de:
a) anestesia
b) sinestesia
c) metonímia
d) sinédoque
e) anacoluto

130. *"Se é doce no recente, ameno estio*
       Ver toucar-se a manhã de etéreas flores"
Qual o sujeito do verbo ser? Afinal, o que é doce?
a) ameno estio
b) a manhã
c) no recente, ameno estio, ver toucar-se a manhã de etéreas flores
d) etéreas flores
e) indeterminado

Para responder às questões de 131 a 135, leia atentamente o poema:

Doçura de, no estio recente,
Ver a manhã toucar-se de flores,
E o rio
        Mole
   Queixoso
Deslizar, lambendo areias e verduras;

Doçura de ouvir as aves
Em desafio de amores
        Cantos
        Risadas
Na ramagem do pomar sombrio;

Doçura de ver mar e céus
Anilados pela quadra gentil
    Que floreia as campinas
    Que alegra os corações,

Doçura muito maior
De te ver
Vencida pelos meus ais
Me dar nos teus brandos olhos desmaiados
Morte, morte de amor, muito melhor que a vida, puxa!

Manuel Bandeira - do livro "Como Ler Poesia"
José Nicola e Ulisses Infante
Editora Scipione
As questões 132 e 134

131. A disposição gráfica do poema de Bandeira, bem como a ausência de rima permitem classificar este poema como:

a) clássico
b) barroco
c) realista
d) simbolista
e) moderno

132. "Dar-me em teus brandos olhos desmaiados". – Bocage
"Me dar nos teus brandos olhos desmaiados" – Bandeira
A colocação pronominal (me dar) e o uso do artigo (nos teus brandos olhos), no verso de Bandeira, são evidentes sinais de uma linguagem:

a) cortês
b) prolixa
c) eclética
d) coloquial
e) herética

133. "Morte, morte de amor, muito melhor que a vida, puxa!"
Classe de palavra a que podemos classificar "Puxa!":
a) advérbio
b) preposição
c) interjeição
d) conjunção
e) palavra expletiva ou de realce

134. Bandeira explora graficamente o movimento do rio, dispondo as palavras que sugerem visual e sonoramente o fluxo das águas:
"E o rio
  Mole
    Queixoso
Deslizar, lambendo areias e verduras"
A este processo damos o nome de Comunicação:
a) principal
b) secundária
c) virtual
d) referencial
e) emocional

135. Bandeira recriou o poema de Bocage num processo livre e independente como lhe autorizam os seguintes versos de sua própria autoria:
a)   "Estou farto do lirismo comedido
       Do lirismo bem comportado..."
b)   "Eu insulto o burguês! O burguês-níquel
       O burguês-burguês!
       A digestão bem feita de São Paulo!"
c)   "Moça linda bem tratada,
       Três séculos de família,
       Burra como uma porta:
           Um amor"

d) "Leitor:
    Está fundado o Desvairismo.
    Esse prefácio, apesar de interessante, inútil"
e) Quando o português chegou
    Debaixo duma bruta chuva
    Vestiu o índio
    Que pena!
    Fosse uma manhã de sol
    O índio tinha despido
    O português"

Para responder às questões de 136 a 155, leia atentamente o poema abaixo:

Não te Amo

Não te amo, quero-te: o amor vem d'alma.
E eu n'alma - tenho a calma,
A calma - do jazigo.
Ai! não te amo, não.

Não te amo, quero-te: o amor é vida.
E a vida - nem sentida
A trago eu já comigo.
Ai, não te amo, não!

Ai! não te amo, não; e só te quero
De um querer bruto e fero
Que o sangue me devora,
Não chega ao coração.

Não te amo. És bela; e eu não te amo, ó bela.
Quem ama a aziaga estrela
Que lhe luz na má hora
Da sua perdição?

E quero-te, e não te amo, que é forçado,
De mau feitiço azado
Este indigno furor.
Mas oh! não te amo, não.

E infame sou, porque te quero; e tanto
Que de mim tenho espanto,
De ti medo e terror...
Mas amar!... não te amo, não.

Almeida Garret
"Folhas Caídas"
De Almeida Garrett – Edições Bonanza
Lígia Arruda - Páginas 85-91
As questões 136, 138 a 141, 144, 145 e 147

136. Assinale a alternativa falsa:

a) infere-se do texto a explosão de um conflito: a dialética entre o ideal e o material: "não te amo / quero-te";
b) tema: o amor carnal;
c) assunto: confusão e perturbação que existem na mente do eu poético perante a consciente existência de um amor carnal que se sobrepõe a qualquer sentimento amoroso;
d) tentativa de o eu poético explicar a presença do excessivo sentimento do amor que sente pela mulher amada;
e) tentativa de racionalização do desejo por tal mulher, pois acentua-se o "querer", ou seja, a voracidade, a desgraça, a predestinação e a infâmia de tal vontade e desejo.

137. Vamos interpretar, individualmente, as três primeiras estrofes:

I - *Não te amo, quero-te: o amor vem d'alma.*
   E eu n'alma - tenho a calma,
   A calma - do jazigo.
   Ai! não te amo, não.

A alma do eu poético está inerte, daí não poder fruir de certos sentimentos. Ele não ama, mas deseja aquela mulher

II - Não te amo, quero-te: o amor é vida.
E a vida - nem sentida
A trago eu já comigo.
Ai, não te amo, não!

A vida alimenta, bem como o amor que dá vida, mas o eu poético não sente qualquer ânimo dentro de si. Ele não ama mas deseja aquela mulher.

III - Ai! não te amo, não; e só te quero
De um querer bruto e fero
Que o sangue me devora,
Não chega ao coração.

O eu poético intensifica o desejo por aquela mulher, desejo carnal que não lhe toca o coração. Tem por ela um desejo irracional, mas não a ama.

Responda assim:
a) desde que corretas I, II e III
b) desde que corretas apenas I e II
c) desde que corretas apenas II e III
d) desde que corretas apenas I e III
e) desde que erradas I, II e III

138. Vamos interpretar, individualmente, as três últimas estrofes:
I - Não te amo. És bela; e eu não te amo, ó bela.
Quem ama a aziaga estrela
Que lhe luz na má hora
Da sua perdição?

A mulher querida é bela – o que contribui para a alegria e a graça do eu poético. Ela é estrela e luz em toda sua vida, mas não a ama.

II - E quero-te, e não te amo, que é forçado,
De mau feitiço azado
Este indigno furor.
Mas oh! não te amo, não.

O amor espiritual seria forçado, seria feitiço mau, seria indigno, por isso pode um dia amar aquela mulher.

> III - E infame sou, porque te quero; e tanto
> Que de mim tenho espanto,
> De ti medo e terror...
> Mas amar!... não te amo, não.

O eu poético admira a mulher querida, condena-a pelo comportamento, receia a ausência da relação. Ele apenas a quer, não a ama.

Responda assim:
a) desde que corretas I, II e III
b) desde que corretas apenas I e II
c) desde que corretas apenas II e III
d) desde que corretas apenas I e III
e) desde que erradas I, II e III

139.

Amar (alma)	querer (corpo)
Alma	Jazigo
vida	bruto e feio
coração	devorar o sangue
estrela	aziaga
luzir	má-hora
	perdição
	mau feitiço azado
	indigno furor
	infame
	espanto
	medo e terror

Então, existem conflito entre:

a) Deus e o Diabo na terra do sol;

b) a Graça e a Desgraça das vidas humanas;

c) o Bem e o Mal frente a uma mulher;

d) a Ninfa e a feiticeira que habitam em cada mulher;

e) a Luz e a Treva que se veem nos olhos de cada mulher.

140. A mulher, neste poema, só não é:

a) fatal, demoníaca (característica romântica);

b) bela;

c) aquela que conduz à desgraça e ao sofrimento;

d) aquela que desperta a excitação, o contato físico, o prazer erótico;

e) abúlica, fria, sem vontade, sem desejo.

141. Assinale a alternativa falsa:

a) o poema constrói-se a partir de uma contradição inicial, que se repete e desdobra, revelando a existência de um drama amoroso;

b) é uma confissão implícita e dolorosa da impossibilidade de amar, resultante do desdobramento psicológico do "eu! pelo conflito que em si se instala entre o amor e o querer;

c) o querer que desfruta é "bruto e fero", "devora o sangue", é de "mau feitiço", "indigno furor". Realiza-se num universo dos sentidos, do concreto e material, da tentação;

d) é por esta relação eu/tu, imbuída de negatividade que chegamos à conclusão de que entre este "eu" e este "tu" não se passou do plano terreno ao divino, vivendo-se um amor que arrastou o "eu" para a consciência da própria indignidade, em luta com um querer que o enfurece e lhe deixa a alma vazia e morta;

e) no poeta se revela uma atitude exibicionista, teatral, narcisista, mas nitidamente romântica como forma de captar a atenção e a curiosidade de quem o lê.

142. *"Quem ama a aziaga estrela*
Que lhe luz na má hora
Da sua perdição?"

A palavra "luz", no texto, tem o sentido de:
a) substantivo – aquilo que ilumina os objeto e os torna visíveis como em "a luz do sol";
b) substantivo usado em sentido figurado, brilho, fulgor, como em "a luz dos seus olhos";
c) substantivo ainda em sentido figurado, evidência, verdade, como em "da discussão sai a luz";
d) verbo luzir, brilhar com a sua própria luz, conjugado na 3ª pessoa do singular, no presente do indicativo, como em "o pirilampo luz nas trevas";
e) "luz" no sentido de nascer como em "dar à luz uma criança" ou no sentido de morrer como em "cerrar os olhos à luz"

143. "Quem ama a aziaga estrela..."
"Aziaga" tem no texto o sentido de:
a) que tem sabor ácido, azedo como o vinagre;
b) irritável, desagradável, que causa asco;
c) infausta, que faz recear desgraça, que é de mau agouro;
d) atordoada, tonta, mal disposta, azoada;
e) horrível, crudelíssima, monstruosa, lancinante, pungente, atroz.

144. Todo o poema realiza-se no presente, momento em que a consciência do sujeito lírico desperta, gerando o conflito. Contudo, em uma passagem, embora o verso esteja no presente, infere-se a referência ao passado e aos ideais de então:
a) E eu n'alma – tenho a calma,
   A calma – do jazigo"
b) "E a vida – nem sentida
   A trago eu já comigo"
c) "... e só te quero
   De um querer bruto e fero"
d) "Não te amo. És bela; e eu não te amo, ó bela"
e) "... de mim tenho espanto
   De ti medo e terror"

145. Drama do sujeito poético: o reconhecimento da incapacidade de amar a mulher a quem só deseja fisicamente. Daí a presença de dois amores: o platônico (espiritual) e o carnal (sensual). Quer a mulher (sensualmente) mas não consegue amá-la (espiritualmente). Das alternativas abaixo, assinale o amor platônico:

a) "Não te amo, quero-te"
b) "... só te quero / De um querer bruto e fero"
c) "... o amor vem da alma" / "... o amor é vida"
d) "Quem ama a aziaga estrela / Que lhe luz na má hora / Da sua perdição?"
e) "E infame sou, porque te quero"

146.   *"E a vida – nem sentida*
         A trago eu já comigo"

Elegante construção. O pronome "a" antes do ver o trazer está no lugar de "vida".... então, objeto direto:

a) pleonástico
b) cognato
c) preposicionado
d) oracional
e) interno

147. O Romantismo é a corrente literária subjacente ao poema. Percebem-se algumas características do romantismo, com exceção de:

a) incapacidade de amar;
b) as frequentes exclamações, interrogações e reticências;
c) o exacerbamento dos sentimentos excessivos;
d) texto emotivo, centrado no "eu";
e) a regularidade métrica e rimática (observe que não existem versos brancos).

148. Predomina o amor sensual, a que o sujeito não consegue resistir. Muito embora reconheça que devia "amar", o impulso car-

nal é mais forte que essa convicção. Com o verbo "querer" para expressar o que se disse, com o pronome oblíquo na 3ª pessoa, o autor poderia escrever assim:

I - Não lhe quero, quero-a

II - Não a quero, quero-lhe

a) só a I mantém o sentido do poema, já que o verbo "querer" exige objeto direto no sentido de posse e objeto indireto no sentido de "amar", "querer bem";
b) só a II mantém o sentido do poema, já que o verbo "querer" exige objeto direto no sentido de "amar", "querer bem" e objeto indireto no sentido de posse;
c) ambas as orações estão de acordo com o sentido do poema;
d) nenhuma das orações guarda o sentido do poema;
e) indiferentemente poder-se-ia usar o pronome "o" ou "lhe" para o verbo "querer", sem desviar do sentido dado no texto.

149. *"E infame sou, porque te quero; e tanto*
Que de mim tenho espanto"

A oração "que de mim tenho espanto" oferece, no período, ideia de:

a) causa
b) finalidade
c) concessão
d) consequência
e) tempo

150. Pobre é a rima que se processa entre palavras de mesma classe gramatical, como esta:

a) jazigo/comigo
b) alma/calma
c) vida/sentida
d) quero/fero
e) tanto/espanto

151. *"E eu n'alma – tenho a calma,*
A calma – do jazigo"

"Jazigo" – sepultura – da mesma raiz do verbo "jazer", (estar morto). Aponte um erro em sua conjugação:

a) eu jazo
b) ele jaze
c) nós jazemos
d) vós jazeis
e) eles jazem

152. "Ai! não te amo, não". Duas negações. Rigorosamente se anulariam, não fora a liberdade permitida pela figura de:

a) anacoluto
b) metonímia
c) pleonasmo
d) silepse
e) antítese

153. "Ai! não te amo, não; e só te quero"
A palavra "só" tem, no verso, o sentido de:

a) isolado, sem companhia, como em "viver só"
b) com exclusão de qualquer outro, como em "só ele é culpado"
c) único como em "existe um só Deus"
d) unicamente, somente como em "eu só desejo saúde, mais nada"
e) ermo, solitário como em "lugares sós de meu Brasil"

154. *"De um querer bruto e fero*
Que o sangue me devora"
Na voz passiva:

a) De um querer bruto e fero
   Pelo qual o sangue me é devorado
b) De um querer bruto e fero
   De que o sangue me devora
c) De um querer bruto e fero
   Com que eu devoro o sangue

d) De um querer bruto e fero
   Para que o sangue me devorasse
e) De um querer bruto e fero
   Que é devorado pelo sangue

155. *"És bela; e eu não te amo, ó bela*
Mas oh! não te amo, não"
Ó (sem "h") e oh (com "h") são, no texto, respectivamente:
a) décima quarta letra do alfabeto e advérbio de intensidade
b) interjeição designativa de invocação e interjeição designativa de exclamação
c) quarta das vogais e partícula expletiva ou de realce
d) seguido de ponto, abreviatura de oeste e partícula, exprimindo repugnância
e) artigo definido masculino e interjeição designativa de surpresa.

Leia, atentamente, ambos os sonetos e, depois, responda as questões propostas de 156 a 175:

Soneto Um

Ó tu, que vens de longe, ó tu que vens cansada,
entra, e sob este teto encontrarás carinho:
eu nunca fui amado, e vivo tão sozinho,
vives sozinha sempre, e nunca foste amada...

A neve anda a branquear, lividamente, a estrada,
e a minha alcova tem a tepidez de um ninho.
Entra, ao menos até que as curvas do caminho
se banhem no esplendor nascente da alvorada.

E amanhã, quando a luz do sol dourar, radiosa,
essa estrada sem fim, deserta, imensa e nua,
podes partir de novo, ó nômade formosa!

Já não serei tão só, nem irás tão sozinha:
há de ficar comigo uma saudade tua,
hás de levar contigo uma saudade minha...
Alceu Wamosy

Soneto Dois
Cheguei. Chegaste. Vinhas fatigada
E triste, e triste e fatigado eu vinha.
Tinhas a alma de sonhos povoada,
E alma de sonhos povoada eu tinha...

E paramos de súbito na estrada
Da vida: longos anos, presa à minha
A tua mão, a vista deslumbrada
Tive da luz que teu olhar continha.

Hoje segues de novo... Na partida
Nem o pranto os teus olhos umedece,
Nem te comove a dor da despedida.

E eu, solitário, volto a face, e tremo,
Vendo o teu vulto que desaparece
Na extrema curva do caminho extremo.

Olavo Bilac - do livro Nossa Cultura
Geraldo Mattos - Editora FTD
As questões 157 a 160 e 162

156. Sabemos que Olavo Bilac e Alceu Wamosy são representantes, respectivamente, do movimento literário a que chamamos:
a) Barroco – Arcadismo
b) Arcadismo – Romantismo
c) Romantismo – Parnasianismo
d) Parnasianismo – Simbolismo
e) Simbolismo – Modernismo

157. No Soneto Um, uma fantasia expressiva e descritiva:
a) Ó tu que vens de longe, ó tu que vens cansada,
b) entra, e sob este teto encontrarás carinho
c) Eu nunca fui amado, e vivo tão sozinho
d) Vives sozinha sempre e nunca foste amada
e) A neve anda a branquear lividamente a estrada

158. O narrador do Soneto de Bilac nos fala no momento em que a amada:
a) chega
b) parte
c) volta
d) despede-se
e) morre

159. O narrador do soneto de Alceu Wamosy nos fala no momento em que a amada:
a) chega
b) parte
c) volta
d) despede-se
e) morre

160. Analisando ambos os sonetos apenas na ordem das palavras, lê-se semelhança entre eles, notadamente nesta passagem:
a) Cheguei. Chegaste. Vinhas fatigada
   E triste, e triste e fatigado eu vinha

   Eu nunca fui amado e vivo tão sozinho.
   Vives sozinha sempre e nunca foste amada

b) E paramos de súbito na estrada
   Da vida: longos anos, presa à minha.....

   A neve anda a branquear lividamente a estrada,
   e a minha alcova tem a tepidez de um ninho
c) ... a vista deslumbrada
   Tive da luz que teu olhar continha

   Entra, ao menos até que as curvas do caminho
   Se banhem no esplendor nascente da alvorada
d) Hoje segues de novo... Na partida
   Nem o pranto os teus olhos umedece,

   E amanhã quando a luz do sol dourar radiosa
   essa estrada sem fim, deserta, horrenda e nua,
e) Nem te comove a dor da despedida

   Podes partir de novo, ó nômade formosa!

161. No primeiro soneto, a cena amorosa da noite nos aparece por sugestão. Há sensualidade em alguns versos. O mais sensual é este:
a) Entra, e sob este teto encontrarás carinho
b) Eu nunca fui amado, e vivo tão sozinho
c) E a minha alcova tem a tepidez de um ninho
d) Já não serei tão só, nem irás tão sozinha
e) Há de ficar comigo uma saudade tua...

162. No final do Soneto Um e do Soneto Dois, leem-se, respectivamente, ideias que se chocam:
a) amor / ódio
b) resignação / desespero
c) desesperança / esperança
d) solidão / comunicação
e) dúvida / certeza

163. *"Nem o pranto os teus olhos umedece".*
Seguem alternativas em que aparecem orações com pequenas variações mas com o mesmo sentido do verso em destaque. Assinale a alternativa em que a oração tem o sentido do verso acima:
a) Nem teu olho umedece o pranto
b) Nem o pranto umedece-o teu olho
c) Nem ao pranto o teu olho umedece
d) Nem ao pranto umedece-o teu olho
e) Nem teu olho umedece-o o pranto

164. *"... longos anos presa à minha / A tua mão, a vista deslumbrada / Tive da luz que teu olhar continha"*
Na ordem direta:
a) longos anos, tive presa à minha a tua mão, a vista deslumbrada da luz que teu olhar continha
b) longos anos, tive a tua mão presa à minha, a vista deslumbrada da luz que continha teu olhar
c) tive a tua mão presa à minha, a vista deslumbrada, da luz que teu olhar continha, longos anos
d) a tua mão presa à minha, a vista deslumbrada da luz que teu olhar continha, tive longos anos
e) presa à minha a tua mão, longos anos a vista deslumbrada tive da luz que continha teu olhar

165. Seguem alguns sonetos de Luís Vaz de Camões, escritos no século XVI. Identifique aquele que mais se assemelha aos temas dos sonetos de Alceu Wamosy e Olavo Bilac:
a)
Um encolhido ousar; uma brandura,
Um medo sem ter culpa, um ar sereno,
Um longo e obediente sofrimento:

Esta foi a celeste formosura
Da minha Circe, e o mágico veneno
Que pôde transformar meu pensamento.

b)
Mudam-se os tempos, mudam-se as vontades,
Muda-se o ser, muda-se a confiança;
Todo o mundo é composto de mudança,
Tomando sempre novas qualidades.

c)
O dia em que eu nasci, moura e pereça,
Não o queira jamais o tempo dar,
Não torne mais ao mundo e, se tornar,
Eclipse nesse passo o sol padeça.

d)
Aquela triste e leda madrugada,
Cheia toda de mágoa e de piedade,
Enquanto houver no mundo saudade
Quero que seja sempre celebrada.

Ela só, quando amena e marchetada
Saía, dando ao mundo claridade,
Viu apartar-se duma outra vontade
Que nunca poderá ver-se apartada.

e)
Amor é fogo que arde sem se ver;
É ferida que dói e não se sente;
É um contentamento descontente;
É dor que desatina sem doer;

Para responder às questões de 166 a 175, leia atentamente o poema de Fernando Pessoa:

*Ela canta, pobre ceifeira,
Julgando-se feliz talvez;
Canta, e ceifa, e a sua voz, cheia
De alegre e anônima viuvez,*

*Ondula como um canto de ave
No ar limpo como um limiar,
E há curvas no enredo suave
Do som que ela tem a cantar.*

*Ouvi-la, alegra e entristece,
Na sua voz há o campo e a lida,
E canta como se tivesse
Mais razões pra cantar que a vida.*

*Ah, canta, canta sem razão!
O que em mim sente 'stá pensando.
Derrama no meu coração
A tua incerta voz ondeando!*

*Ah, poder ser tu, sendo eu!
Ter a tua alegre inconsciência,
E a consciência disso! Ó céu!
Ó campo! Ó canção! A ciência*

*Pesa tanto e a vida é tão breve!
Entrai por mim dentro! Tornai
Minha alma a vossa sombra leve!
Depois, levando-me, passai!*

**Do livro Introdução à Leitura
de Fernando Pessoa e Heterônimos
Avelino Soares Cabral
Edições Sebenta – Páginas 41-43
As questões 166 a 169 e 171 a 173**

166. Esta composição, datada de 1914, contém já as grandes características formais da poesia de Fernando Pessoa. Versa uma temática fundamental de sua obra (a dor de pensar) e comporta referências ideológicas próprias dos heterônimos. Das alternativas abaixo, assinale a falsa:

a) o poema é constituído por seis quadras, com versos octossílabos e rima cruzada, segundo o esquema ABAB, havendo duas preciosidades: na primeira estrofe, é consoante a rima de "ceifeira" com "cheia"; na quinta estrofe, é preciosa a rima de "eu" com "céu";

b) há vários exemplos de transporte ou encavalgamento como acontece, por exemplo na primeira e segunda quadras: .... e a sua voz cheia
De alegre e anônima viuvez
.... no enredo suave
Do som..........

c) há também transporte ou encavalgamento de uma estrofe para outra, isto é, a continuação do sentido do último verso de uma estrofe, no primeiro verso da estrofe seguinte, como acontece na passagem da primeira para a segunda e da quinta para a sexta estrofe;

d) na segunda estrofe, há vários exemplos de aliteração: em "ℓ", no segundo verso; em "v", no terceiro verso; em "s", na passagem do terceiro para o quarto verso;

e) verificamos que o poema se divide em duas grandes partes: 1ª parte: constituída pelas três estrofes iniciais em que, de modo geral, descreve-se o canto de uma ceifeira; 2ª parte: constituída pelas três quadras restantes em que se apresentam os efeitos da audição desse canto na subjetividade do poeta.

167. Na quarta estrofe, o sujeito faz um apelo que consiste num pedido dirigido à ceifeira para que continue a cantar, mesmo "sem razão" (sem motivo, irracional ou inconscientemente), para que o canto derramado entre no seu coração. Na quinta estrofe, o sujeito formula um desejo:

"Ah! poder ser tu, sendo eu!
Ter a tua alegre inconsciência
E a consciência disso!"
Este desejo é impossível pelas razões que seguem, exceto uma:

a) ser outra pessoa, ainda que só espiritualmente, é extremamente difícil;

b) ter consciência da inconsciência e continuar inconsciente é impossível;

c) se se tiver consciência da inconsciência, deixa de haver inconsciência;

d) ninguém pode ser outra pessoa e continuar a ser ela mesma;

e) ninguém pode querer assimilar a alegria de outrem.

168. Há uma figura de linguagem importante para a definição e desenvolvimento do tema. Observe:

".... pobre ceifeira / julgando-se feliz"
".... alegre e anônima viuvez"
".... ouvi-la, alegra e entristece"
".... poder ser tu, sendo eu"
"Ter a tua alegre inconsciência,
E a consciência disso"

a) pleonasmo

b) antítese

c) silepse

d) anacoluto

e) idiomatismo

169. A metáfora, empregando as palavras num sentido imaginário e não objetivo, abunda no texto.
Assinale o que não é metáfora:

a) ".... a sua voz .... <u>ondula</u>"

b) "Ela canta, pobre <u>ceifeira</u>"

c) "E há <u>curvas</u> no enredo suave"

d) "<u>Derrama</u> no meu coração / a tua incerta voz <u>ondeando</u>"

e) ".... a ciência / <u>Pesa</u> tanto..."

170. Observe o pleonasmo, repetição de uma ideia para realçar a sua amplitude, profundidade ou caráter irrefutável:
a) "julgando-se feliz talvez"
b) "ondula como um canto de árvore"
c) "na sua voz há o campo..."
d) Ah! poder ser tu, sendo eu!"
e) "entrai por mim dentro..."

171. Versos 1 – 12 (1ª parte do texto)
I - Características atribuídas à ceifeira e à sua voz:
  - a ceifeira é simples, "talvez" se julgue feliz e canta despreocupada enquanto trabalha;
  - a sua voz tem modulações suaves, assemelha-se ao canto das aves ("ondula como um canto de ave"), reflete alegria moderada e projeta-se no silêncio que a envolve ("No ar limpo como um limiar, / E há curvas no enredo suave / Do som que ela tem a cantar").

II - Efeitos da audição do canto da ceifeira:
  - inspira sentimentos contraditórios de alegria e tristeza ("Ouvi-la alegra e entristece);
  - evoca o trabalho no campo: "Na sua voz há o campo e a lida".

III - Dois recursos estilísticos presentes nas três primeiras estrofes a escolher entre os seguintes:
  - adjetivação ("*pobre* ceifeira" ou "ar *limpo*") – a sugerir a simplicidade ou o ambiente são em que se movimenta a ceifeira);
  - comparações ("ondula como um canto de ave"; No ar limpo como um limiar"), para realçar a melodia do canto da ceifeira, semelhante ao das aves, e a transcendência do seu canto.

Responda assim:
a) desde que corretas I, II e III
b) desde que corretas apenas I e II
c) desde que corretas apenas I e III
d) desde que corretas apenas II e III
e) desde que erradas I, II e III

172. Versos 13 – 24 (2ª parte do texto)
Reação do sujeito poético: a emoção atravessada pela racionalidade
Anseios do sujeito lírico:
I - de se identificar, não com a simplicidade da ceifeira, mas com o teor de sua voz ("Ah! poder ser tu, sendo eu!")
II - de ter a inconsciência dela e a lucidez que o caracteriza ("Ter a tua alegre inconsciência/ E a consciência disso!")
III - de se libertar da "dor de pensar": ".... A ciência / Pesa tanto e a vida é tão breve! / Entrai por mim dentro! (...) Depois, levando-me, passai!"

Responda assim:
a) desde que corretas I, II e III
b) desde que corretas apenas I e II
c) desde que corretas apenas I e III
d) desde que corretas apenas II e III
e) desde que erradas I, II e III

173. Finalmente e a título de conclusão, a última quadra. Se o céu, o campo e a canção transformarem a alma do poeta em sombra, e, depois o levarem, entendemos que isso implica em:
a) o amor, amor sublime, amor transcendental
b) a vida, um desejo de perpetuar-se, de eternizar-se
c) a morte, um desejo de anulação, de se evolar
d) a beleza estética, deslumbrante, beleza inatingível
e) o ódio, o rancor, a raiva que destrói o ser humano

174. Na última estrofe, três verbos no imperativo afirmativo, na 2ª pessoa do plural:

"Entrai por mim dentro. Tomai
Minha alma ...
Depois ... passai"

O sujeito dos três verbos no imperativo é "vós", pronome que se refere a:
a) a ciência
b) alegre inconsciência
c) céu, campo e canção
d) pobre ceifeira
e) minha alma e vossa sombra leve

175. Só em uma alternativa, aparece o predicativo do sujeito:
a) "E há curvas no enredo suave
   Do som que ela tem a cantar"
b) "Ouvi-la, alegra e entristece
   Na sua voz há o campo e a lida"
c) "E canta como se tivesse
   Mais razões para cantar que a vida"
d) "Ah! poder ser tu, sendo eu!
   Ter a tua alegre inconsciência"
e) "Entrai por mim dentro! Tomai
   Minha alma a vossa sombra leve"

Para responder as questões de 176 a 190, leia atentamente o poema extraído do livro "Mensagem" de Fernando Pessoa:

Mar Portuguez

Ó mar salgado, quanto do teu sal
São lágrimas de Portugal!
Por te cruzarmos, quantas mães choraram,
Quantos filhos em vão rezaram!
Quantas noivas ficaram por casar
Para que fosses nosso, ó mar!

*Valeu a pena? Tudo vale a pena
Se a alma não é pequena.
Quem quer passar além do Bojador
Tem que passar além da dor.
Deus ao mar o perigo e o abismo deu,
Mas nele é que espelhou o céu.*

Do livro "Introdução à Leitura de Fernando Pessoa" e Heterônimos
Avelino Soares Cabral
Edições Sebenta – Portugal
Páginas 93-94
As questões 178 a 184, 186 e 187

176. Poema incluído na segunda parte de "Mensagem", constituído por dois ou duas:

a) tercetos

b) quadras

c) quintilhas

d) sextilhas

e) oitavas

177. Observe as rimas em ambas as estrofes. Consoante a posição das rimas, o esquema rimático é:

a) AABBCC

b) AbAbcc

c) AbCAbC

d) AabCbC

e) AbbACC

178. Leia atentamente:

I - Estamos diante de um poema épico-lírico, em que o poeta sentiu, imaginando, os trabalhos e as dores que o Império português custou, procurando unir o trágico e o heróico: cada uma das estrofes constitui uma parte do texto.

II - Na primeira parte, o poeta procura apresentar e interiorizar uma realidade épica, os sacrifícios necessários para que o povo português conquistasse o mar.

III - Na segunda parte, o poeta tece considerações sobre essa realidade e os sacrifícios que a sua concretização exigiu. Mais ainda. Quem quiser aproximar-se do céu pelo heroísmo "tem que passar além da dor"

Responda assim:
a) desde que corretas I, II e III
b) desde que corretas apenas I e II
c) desde que corretas apenas II e III
d) desde que corretas apenas I e III
e) desde que erradas I, II e III

179. Assinale a alternativa falsa:
a) ao nível morfo-sintático, é importante constatar a pobreza do texto em adjetivos. Apenas dois. "Salgado" adjetivo de "mar" e "pequena" adjetivo de "alma".;
b) é abundante no texto o substantivo. Observe: mar, sal, lágrimas, Portugal, mães, filhos, noivas, pena, alma, Bojador, dor, Deus, perigo, abismo, céu;
c) também abundante no texto, o verbo. Observe: ser, cruzar, chorar, rezar, casar, valer, querer passar, ter que passar, dar, espelhar;
d) os verbos quando no pretérito perfeito ("mães choraram", "filhos em vão rezaram", "noivas ficaram por casar") evocam um passado próximo do poeta (1888-1935), dolorosos sacrifícios necessários à passagem da monarquia para a república portuguesa;
e) os verbos quando no presente do indicativo ("sal são lágrimas de Portugal", "tudo vale a pena se a alma não é pequena", "quem quer passar além do Bojador", "tem que passar além da dor") remetem-nos para os valores intemporais da tenacidade, do espírito de luta e da eterna necessidade da procura e da auto-superação, única maneira de justificar a existência.

180. Apóstrofe. Figura de linguagem em que o escritor ou orador dirige-se a coisas ou pessoas, presentes ou ausentes, reais ou fictícios, interpelando-o diretamente como no texto do autor:
a) Ó mar salgado, quanto de teu sal / São lágrimas de Portugal!
b) Valeu a pena?
c) Tudo vale a pena / Se a alma não é pequena
d) Quem quer passar além do Bojador / Tem que passar além da dor
e) Deus ao mar o perigo e o abismo deu, / Mas nele é que espelhou o céu

181. "... *o sal do mar são lágrimas de Portugal*". É uma metáfora. Contudo pelo exagero expresso pelo enunciado estamos também diante de:
a) silepse
b) anacoluto
c) hipérbole
d) elipse
e) pleonasmo

182. Ao nível semântico, assinale a afirmação falsa:
a) as exclamações de toda a primeira estrofe que servem os intuitos épicos do autor, dão ao poema uma entonação e um ritmo adequados à eloquência épica;
b) a interrogação no início da segunda estrofe – "Valeu a pena?" – dá ao leitor um balanço ou reflexão sobre os resultados positivos dos sacrifícios elencados na primeira estrofe;
c) a repetição intencional de algumas palavras, na primeira estrofe, aumenta o dramatismo da evocação naquelas situações provocadas pelas descobertas marítimas: "Quantas mães choraram / Quantos filhos em vão rezaram / Quantas noivas ficaram por casar";
d) observe o caráter aforístico de alguns versos, já consagrados como dito sentencioso, anexim, máxima, sobejamente conhecidos do povo: "Tudo vale a pena se a alma não é pequena" "Quem quer passar além do Bojador tem que passar além da dor";

e) "... teu sal são lágrimas de Portugal!" rigorosamente, a frase está errada. Erro de concordância. "Sal" é singular e o verbo "ser", ao invés de concordar com o sujeito no singular, concorda com o predicativo no plural: "lágrimas". Deveria, então, de acordo com a norma culta da língua estar escrito assim: "... teu sal é lágrimas de Portugal!"

183. "Ó mar salgado, quanto de teu sal / São lágrimas de Portugal!". Assinale a alternativa que não se pode deduzir destes versos iniciais:
a) grande parcela das águas do mar é formada pelas lágrimas dos portugueses (uma alegoria exagerada);
b) os portugueses foram submetidos a excessivo sofrimento para conquistar o mar;
c) na tarefa das descobertas, os portugueses sofreram a dor e suportaram as tragédias;
d) grande e perigosa foi a tarefa de descobrir outros povos e outras terras além mar;
e) dois polos antagônicos: mar e Portugal. O primeiro, abjeto e desprezível; o segundo, sublime e conquistador.

184. "... Quantas mães choraram, / Quantos filhos em vão rezaram! / Quantas noivas ficaram por casar..."
Três grupos de pessoas sofrem a ausência de alguém. Respectivamente esse alguém é:
a) netos e sobrinhos; mães; esposos;
b) filhos e maridos; pais; noivos;
c) pais e netos; pais e mães; esposos;
d) sobrinhos e maridos; esposo; noivos;
e) filhos e maridos; pais e mães; esposos.

185. Certamente, as pessoas ausentes de que fala a pergunta anterior, estavam participando de:
a) guerras
b) navegações

c) cruzadas
d) romarias
e) emigração

186. *"Valeu a pena?"*
O sujeito do verbo "valer" é aquilo que se disse na primeira estrofe. Tudo aquilo mereceu o trabalho que deu? Enfim, o que valeu a pena?
a) chorar pelos filhos quando sabemos que raramente os filhos sofrem pelos pais;
b) chorar pelos noivos quando sabemos que sempre há um amor a nos esperar;
c) o fato de que a conquista do mar, apesar dos aspectos positivos, tem aspectos negativos;
d) conquistar o mar quando sabemos que o homem ainda não conquistou a terra;
e) o fato de sabermos que o mar é imenso e grandioso, portanto inconquistável.

187. *"Se a alma não é pequena".*
Vamos interpretar:
I - A alma sempre é pequena.
II - O que dá valor às ações é o sentido humano que a elas atribuímos.
III - O objetivo que determinamos para nossas ações, justifica a angústia e o sofrimento que podem causar.

Responda assim:
a) desde que corretas I, II e III
b) desde que corretas apenas I e II
c) desde que corretas apenas II e III
d) desde que corretas apenas I e III
e) desde que erradas I, II e III

188. *"Deus ao mar o perigo e o abismo deu".*
Na voz passiva:
a) O mar foi dado por Deus ao perigo e ao abismo
b) Deus é dado ao mar pelo perigo e pelo abismo
c) O perigo e o abismo deu-os Deus ao mar
d) O mar foi dado pelo perigo e pelo abismo a Deus
e) O perigo e o abismo foram dados ao mar por Deus

189. *"Valeu a pena? Tudo vale a pena / Se a alma não é pequena"*
O substantivo "pena", objeto direto do verbo valer, tem, junto a ele, o sentido de:
a) punição, castigo como em "a pena deve ser proporcional ao delito"
b) "preço que se paga" para merecer o esforço ou a preocupação, como em "sob a pena de ver poucas vezes os filhos, foi o maior senador da República"
c) desgosto, tristeza como em "as penas que inundam meu coração"
d) lástima, dó, compaixão como em "ter pena de tanta miséria"
e) estilo da escrita: cálamo como em "sua pena é inconfundível"

190. *"Quem quer passar além do Bojador / Tem que passar além da dor".*
"Bojador" – cabo da costa ocidental da África a noroeste do deserto do Saara. Aparece no texto, como "vencer dificuldades", "transpor barreiras", "lutar para conquistar", porque:
a) foi citado em "Os Lusíadas" - "passaram ainda além da Taprobana". Taprobana é o Bojador;
b) Vasco da Gama não consegue ultrapassar o Bojador, daí o insucesso de sua navegação;
c) Gil Eanes, em 1434, não conseguiu passar ao sul do Bojador, deixando frustrado o infante D. Henrique;
d) por dezenas de anos, foi o limite da navegação portuguesa;
e) em "Os Lusíadas", Bojador é o local em que as naves aparecem, já de início da obra, em alto mar "Já no largo oceano navegavam / As inquietas ondas apartando".

Leia atentamente o texto abaixo, para responder as questões 191 a 200:

O Infante

Deus quer, o homem sonha, a obra nasce.
Deus quis que a terra fosse toda uma.
Que o mar unisse, já não separasse.
Sagrou-te, e foste desvendando a espuma.

E a orla branca foi de ilha em continente.
Clareou, correndo, até o fim do mundo,
E viu-se a terra inteira, de repente,
Surgir, redonda, do azul profundo.

Quem te sagrou criou-te português.
Do mar e nós em ti nos deu sinal.
Cumpriu-se o mar, e o Império se desfez.
Senhor, falta cumprir-se Portugal!

Fernando Pessoa
"Introdução à Leitura" – Fernando Pessoa e Heterônimos
Edições Sebenta – Portugal
Avelino Soares Cabral
Páginas 88-90
As questões de 191 a 200

191. Este poema reconstitui, de forma densa e concisa, momentos fundamentais da História de Portugal. São três os momentos:
I - a preparação das descobertas marítimas pelos portugueses.
II - o momento de sua realização.
III - a época em que começou a desagregação do Império.
Responda assim:
a) desde que correta apenas I;
b) desde que correta apenas II;
c) desde que correta apenas III;
d) desde que corretas I, II e III;
e) desde que erradas I, II e III.

192. Vamos documentar, com palavras extraídas do texto, estes três momentos:

a) para o primeiro momento: "*o homem sonha*"; para o segundo: "*a obra nasce*"; para o terceiro: "*o Império se desfez*".

b) para o primeiro momento: "*Deus quer*"; para o segundo: "*o homem sonha*"; para o terceiro: "*e foste desvendando a espuma*".

c) para o primeiro momento: "*a obra nasce*"; para o segundo: "*e a orla branca foi de ilha em continente*"; para o terceiro: "*Deus quis que a terra fosse toda uma*".

d) para o primeiro momento: "*sagrou-te*"; para o segundo: "*Quem te sagrou criou-te português*"; para o terceiro: "*correndo até o fim do mundo*".

e) para o primeiro momento: "*Deus quer*"; para o segundo: "*o homem sonha*"; para o terceiro: "*Quem te sagrou criou-te português*".

193. Vamos explicar o significado do último verso do poema: "Senhor, falta cumprir-se Portugal!"

a) É preciso que o mundo reconheça a importância histórica de Portugal.

b) Depois da perda progressiva dos seus territórios ultramarinos, Portugal tem como missão histórica realizar a sua grandeza de uma outra forma, diferente da do poderio territorial.

c) Portugal não cumpriu sua missão histórica a que se propôs: tornar desenvolvidos os territórios que conquistou..

d) A Língua Portuguesa deve impor-se ao mundo civilizado.

e) Os descobrimentos portugueses processaram-se durante a decadência do Império lusitano.

194. "*Deus quer, o homem sonha, a obra nasce*". A trilogia Deus / homem / obra / aparece desenvolvida ao longo do poema. Com efeito, segundo o texto:

a) O Tribunal da Inquisição, um grande terremoto em todo o reino, a desproporção entre a escassez de recursos humanos e a vastidão geográfica das terras descobertas, a derrota nos campos de Alcácer Quibir em 1578 contribuíram para a queda do Império Português.

b) Deus, homem e obra, todos correspondem à trajetória da decadência política portuguesa que culmina com a perda da Independência em 1580, quando passa ao poder do reino espanhol.
c) Deus (teocentrismo); o homem (antropocentrismo); a obra (universalismo); características marcantes da história de Portugal.
d) No século XV, época dos descobrimentos, o pensamento incide mais na vida do homem português, cidadão do mundo, e o mundo, pátria do lusitano.
e) É por vontade de Deus que o homem sonha com a realização das grandes obras e que as põe em prática. Os acontecimentos históricos de Portugal são, pois, entendidos como fazendo parte de um plano divino.

195. Como você relacionaria o título do poema (O Infante) com o substantivo homem que aparece no primeiro verso?
a) Infante é aquele que "ainda não fala". No poema o homem e o Infante são antitéticos.
b) Infante é Fernando Pessoa que cantou as glórias de Portugal.
c) Infante é Anjo que faz o homem sonhar.
d) O Infante D. Henrique, a quem o título do poema se refere, representa, naquele momento histórico, todos os portugueses que empenharam o seu esforço na empresa das descobertas.
e) O Infante é o primeiro homem criado por Deus.

196. Vamos transcrever o verbo que, no poema, aproxima o homem / infante do elemento divino:
a) querer (Deus quis)
b) sagrar (sagrou-te)
c) unir (que o mar unisse)
d) clarear (clareou)
e) ver (e viu-se a terra)

197. Vamos ao sentido que o autor deu ao verbo <u>sagrar</u>, usado duas vezes no poema:
a) conferir um certo caráter por meio de ordenação;
b) batizar alguém;
c) dar a comunhão;
d) idolatrar uma pessoa;
e) tornar sagrado, dando a entender que o Infante toma parte nas intenções divinas.

198. Este poema integra-se na segunda parte da "Mensagem", que se designa "Mar Português". Assinale a alternativa falsa:
a) o primeiro verso, que funciona como uma espécie de mote ou aforismo, "*Deus quer, o homem sonha, a obra nasce*". Os três sujeitos (Deus, o homem e a obra), dependentes mutuamente, praticam suas ações: o primeiro quer, o segundo sonha e a terceira nasce. Mas, sem a vontade do primeiro, o segundo não sonharia e a terceira não podia nascer.
b) Deus, o agente da vontade, quer a unidade da terra. Ele é o agente dum projeto divino de unidade. Daí haver no poema um grande número de palavras ou expressões que sugerem a ideia de uno ou de unidade: *uma, unisse, não separasse, inteira, redonda, fim do mundo*.
c) no poema, esse homem animado por um projeto divino é o Infante. Ele é o herói navegante em busca do caminho da imortalidade, cumprindo um dever individual e pátrio.
d) mais do que a identificação do Infante como homem em geral, ele é o escolhido por Deus para a realização do Seu projeto. Isto empresta-lhe um caráter divino, ele é um iniciado, aquele que sonha, o que tem a visão e, por isso, foi "desvendando a espuma".
e) os versos todos em um ritmo binário; as rimas às vezes ricas (nasce / separasse), às vezes pobres (uma / espuma; continente / de repente), contudo quanto à acentuação são todos agudos.

199. No que diz respeito à exploração do simbólico são de considerar:

I - palavras como espuma e formas verbais como desvendando sugerem-nos o mistério, o véu, a névoa que se descobre, a venda que se levanta, o segredo que se revela;

II - e o tirar ou levantar a venda (desvendar) provoca o clarear ("clareou"), sugestivo de luz, revelação, conhecimento. "O azul profundo" do mar e o escuro são o desconhecido; o claro é o revelado;

III - também sinal e mar assumem o valor de símbolos. O mar é traço de união de ilhas e continentes: "Deus quis que o mar unisse, já não separasse".

Responda assim:

a) desde que corretas I, II e III
b) desde que corretas apenas I e II
c) desde corretas apenas II e III
d) desde que corretas apenas I e III
e) desde que todas erradas

200. Resumindo, assinale a interpretação falsa:

a) no poema se sugere a ideia de um ritmo cíclico dependente da vontade de Deus, ditado pelo Destino; Deus quis, o homem sonhou, a obra (o Império) nasceu, a obra desfez-se e falta cumprir-se Portugal. Deus tem de querer de novo que se cumpra Portugal.

b) a presença de uma certa forma de diálogo com que o autor dirige-se a Deus revela sua irreverência e ateísmo (Senhor, falta cumprir-se Portugal!)

c) acentua-se a divinização do herói, que é o eleito de Deus, um iniciado.

d) a divinização do herói transmuta-se na divinização de um povo, que é também um eleito de Deus para levar a cabo uma missão, um projeto ideal de universalidade e de unidade do mundo.

e) há ainda a ideia de assimilação do Infante ao homem animado de um projeto de universalidade e imortalidade.

Respostas às questões abertas

DESCRIÇÃO – QUESTÕES DE 1 A 51

1. Fúnebre, miserável, enferrujados, tísica, velha, vergada, sujo, seboso, melancólico, amarelentos, acre.
2. Suando, fermentava.
3. A voz tísica da mulher; a preta velha e vergada; as crianças nuas, de ventres amarelentos; o branco suando e vermelho; o quitandeiro de preguiça morrinhenta; as peixeiras gordas de tetas opulentas.
4. *Preta* velha, tabuleiro cheio de *sangue,* cabeças *avermelhadas,* ventrezinhos *amarelentos,* peixeiras *negras.*
5. Praça, casebre, porta, janela, armadores, rede, tabuleiro, perninhas tortas, esquinas, grossos quadris, tetas opulentas etc.
6. Os armadores gemem, a mulher canta, a velha apregoa em tom arrastado, os cães uivam, ouviam-se pregões, sons de buzina.
7. Tabuleiro sujo, seboso, cheio de sangue; fermentava um cheiro acre de sabão da terra e aguardente.
8. Cabeças avermelhadas pelo sol, a pele crestada, branco suando, vermelho.
9. Os armadores estão enferrujados e a voz é tísica.
10. Está. "A gentil Carolina era bela"; não é mais. Morreu.
11. Lógico! Vende vísceras, entranhas de animal.
12. a) Pelo costume de cavalgar as ilhargas maternas.
    b) O sol.
    c) O sol.
    d) Amarelão, ancilostomose.
    e) Idem à alternativa d)
13. Seus uivos parecem gemidos humanos.
14. Foi. Convenceu. Há argumentos.
15. Resposta pessoal.
16. Resposta pessoal.
17. Canoros, atapetado, amarelas, avermelhadas, vigorosa, estóica, maravilhosos, atrativos, poético etc.
18. Outono, céu, matizes, névoas, montanhas, natureza, folhas,

juventude, pássaros, bosques, ramagem, árvores, flores, rosas, capuchinhas, dálias, pétalas, campos, formas, cores, vegetais etc.

19. Cinzento, matizes, névoas, escuras, amarelas, vermelhas, amaranto etc.
20. Pregas de diversos matizes, montanhas do horizonte, as formas etc.
21. Céu de fundo cinzento, névoas sobre as montanhas, as folhas caíam, pássaros canoros, solo atapetado de folhas, árvores despidas etc.
22. Foi. Ler as respostas anteriores.
23. a) "névoas que se arrastam sobre as montanhas do horizonte".
    b) "As folhas caíam por toda parte".
    c) "as árvores despidas umas mais do que as outras".
24. Resposta pessoal, porém as folhas caíam por toda parte como cai na relva o orvalho da noite, por exemplo.
25. Resposta pessoal, porém a ninhada de pássaros canoros assemelhava-se a apostadores numa rinha de galo, por exemplo.
26. A de Amiel. Seu temperamento influencia a visão que tem do outono.
27. A de Aluísio. É mero observador da praça. Não se envolve.
28. A de Aluísio. O meio condiciona a personalidade do homem.
29. A de Amiel. Vê a natureza através de seu estado de espírito.
30. Resposta pessoal.
31. Cândido Portinari, notável pintor da escola moderna, nasceu em Brodowski - Estado de São Paulo - em 1903. Autor de muitos quadros e afrescos. O texto é uma pintura. É dedicado a ele.
32. Subjetiva. O autor tem do desastre uma visão poética.
33. Sangue, flor, palidez, negra, nuvens, rosas, lantejoulas, arrebol.
34. Vermelho.
35. Hélice, estradivário, enfunadas, páraquedas, cometa, estrela cadente.
36. Explosão, sinos dobrando.
37. Dançarinas/pernas e mãos, louca/ramalhete, prima-dona/longa cauda de lantejoulas, paralítico/pernas do vento.

38. Deus.

39. A visão do poeta é sempre sonhadora. Consegue ver o arrebol na tragédia.

40. Resposta pessoal.

41. Os cabelos - negros ondulados, a tez - branca, a fronte - lisa e branca, a roupa – simples mas bem assentada.

42. Ébano/cabelo, marfim/tez.

43. Através do ébano.

44. Ébano, negras, marfim, alva, palidez, cor-de-rosa, mármore, luz do ocaso, róseo, lâmpada de alabastro, azul-claro, nuvem, espuma do mar, brumas, azeviche, preto.

45. Branco em contraste com o negro.

46. Piano, linhas do perfil, busto, ondulados, caracolando, rolos, franjas, lisa, mármore polido, porte esbelto, cintura delicada, cruz etc.

47. Curvilíneo. Veja a resposta anterior.

48. Comprovou a beleza e a nobreza.

49. A narração usa do passado. A descrição do presente.

50. Resposta pessoal.

51. Resposta pessoal.

NARRAÇÃO – QUESTÕES DE 52 A 102

52. Preâmbulo: do início até "um amigo".
Ação: de "Entrava" até "manda lembranças".
Desfecho: de "Há, se bem me lembro" até o final.

53. 1896; casa dos Campos na Paraíba; o amigo e o autor.

54. a) De "Entrava" até "seu cofre".
b) De "Mamãe" até "longe da cerca".
c) De "Precipito-me" até "que lhe dou".
d) De "O meu cajueiro" até "irmão de leite".
e) De "Aos treze anos" até "lembranças".

55. A Floresta é mais infeliz porque não se locomove. Contrários são o Vento e o Oceano.

56. Não ter saído nunca do lugar em que nasceu.

57. Kipling considera a fixação um destino infeliz. O autor preferia ter imitado as árvores do poeta.
58. Banheiro tosco, pedras grosseiras, o caule parecia mais um verme, mãos curtas e ásperas etc.
59. O plantio do cajueiro, a separação e a saudade.
60. A vontade de nunca ter de se afastar do lugar em que nasceu.
61. Resposta pessoal.
62. Preâmbulo: do início até "63 anos de idade".
    Ação: de "Conheceu" até "Inválidos".
    Desfecho: de "Por fim" até o final.
63. Personagem, profissão, idade.
64. a) De "Conheceu" até "miséria".
    b) De "Misael tirou" até "quanto ela queria".
    c) De "Quando Maria Elvira" até "Inválidos".
65. O número excessivo de traições.
66. Crime/Constituição.
67. Pretérito perfeito.
68. É evidente. O passado é próprio da narração.
69. A descrição de Maria Elvira.
70. Resposta pessoal.
71. Resposta pessoal.
72. Preâmbulo: do início até "réu".
    Ação: de "Chegara" até "formado".
    Desfecho: de "Em paz" até o final.
73. "Uma hora havia".
74. "Sala das testemunhas".
75. O bacharel, Leonel.
76. a) De "Uma hora" até "sua vez".
    b) De "Na sala" até "respeitoso".
    c) De "Perguntou-lhe" até "formado".
    d) O último verso.
77. Perguntou-lhe o juiz qual era seu nome. Respondeu-lhe que era um bacharel formado.
78. Resposta pessoal.

79. Resposta pessoal.
80. "Um tipo conhecido como unhas de fome, um miserável, um horror de sovinice".
81. Resposta pessoal.
82. Crispiniano, Crispim.
83. Infância, longa ausência.
84. Sinhá Doce, olhos de gata, mariquinhas Bem-Bem, traidora.
85. Casaram-se.
86. Júlia é a esposa de Crispim.
87. Uma visão pessimista do casamento.
88. O texto já orienta.
89. Perguntou Crispiniano a Crispim como iam os amores deste, e que era feito de Sinhá Doce. Respondeu-lhe Crispim se falava daquela de olhos de gata. Crispiniano confirmou que era dela mesma que falava e Crispim, então, disse-lhe que ela casara.
90. Sem dúvida.
91. Resposta pessoal.
92. Almocreve: homem cujo ofício é conduzir bestas de carga.
    Corcovo: pinote
    Vexado: envergonhado.
    Pródigo: esbanjador.
    Dissipação: desperdício, devassidão.
93. Ambiente próprio para cavalgar, campo, sítio.
94. Simples, humilde.
95. O acidente; o desejo de recompensar o salvador; a real compensação.
96. Era a moeda da época em Portugal e no Brasil.
97. Pessimista. Veja a maneira pela qual o narrador vai fazendo juízo de seu salvador.
98. Remorso de lhe ter dado o cruzado de prata.
99. c)
100. O texto demonstra bem a indiferença com que o narrador trata seu salvador. Não há slidariedade humana.
101. Resposta pessoal.
102. Resposta pessoal.

DISSERTAÇÃO – QUESTÕES DE 103 A 153

103. Os homens que não aceitam as evoluções sociais. Os reacionários.
104. É subverter a ordem social, política, moral e econômica.
105. É desejar um mundo melhor.
106. Privilégio social e político.
107. A escola, a família.
108. Porque o pensamento sempre questiona; para ele não há verdade absoluta.
109. O medo faz o homem evitar as transformações.
110. Questionaria a realidade econômica.
111. A moral tradicional seria abalada.
112. Senão não haveria guerra.
113. Como se um pensador contrário às suas ideias questionasse a proposta do autor.
114. Restringindo o quanto possível o vôo do pensamento.
115. Resposta pessoal.
116. Resposta pessoal.
117. É lógico. É o mesmo pensamento.
118. Resposta pessoal.
119. Resposta pessoal.
120. ...o raciocínio, o aprimoramento da mente.
121. ... as exigências da vida são demasiado múltiplas.
122. Porque o desenvolvimento deve ser global. Ferramenta morta é a especialização.
123. É. Para dar a visão global.
124. Resposta pessoal.
125. A escola deve aprimorar o raciocínio e não se limitar apenas ao ensinamento técnico ou humanístico. Ambos são importantes para a formação.
126. Ambos.
127. Resposta pessoal.
128. O ladrão que furta para comer não faz mal a ninguém; perigosos são os grandes ladrões.
129. Ladrões são os que roubam povos e cidades. Enfim, a autoridade política.

130. Quem está no Poder vê-se impune de qualquer ato criminoso.

131. Mata-se o pequeno ladrão e faz-se herói quem saqueou cidades e províncias.

132. Sidónio Apolinar. Seronato é o grande ladrão.

133. Resposta pessoal.

134. Diógenes, o Cínico, filósofo grego, nasceu em Sinopse (413-323 a.C.). Consistia seu sistema filosófico no desprezo das riquezas e das convenções sociais e na obediência exclusiva às leis da natureza.

135. Pelo tom cínico e irônico.

136. Não vai ao inferno - a)
Não leva ao inferno - a)
Vai ao inferno - b)
Leva ao inferno - b)
Colhe a roupa dos que nadam - a)
Rouba um homem - a)
Rouba cidades e reinos - b)
É enforcado - a)
Enforca - b)
Rouba um carneiro - a)
Rouba uma província - b)
Quer tirar os ladrões do mundo, para roubar ele só - b)

137. Resposta pessoal.

138. Há os que nos ensinam ideias e vivem as ideias que ensinam (são os profetas). Há os que nos ensinam ideias e vivem na prática contrariando as ideias que pregam (são os padres).

139. "As ideias não influenciam o homem profundamente quando são apenas ensinadas como ideias e pensamentos".

140. *Platão* (429-347 a.C.): sua filosofia tem como método a dialética; tem por coroamento a teoria das ideias. A verdade não está nos objetos mas nas ideias.
Aristóteles (384-322 a.C.): discípulo de Platão. Fundou a escola filosófica chamada peripatética. O seu sistema mostra-nos toda a natureza como um imenso esforço da matéria bruta para se elevar até o ato puro.

Cristo: pregou a caridade, o amor a Deus e ao próximo, e a esperança em uma vida futura.

Spinoza (1632-1677): filósofo holandês. Levou ao extremo o método cartesiano, dando-lhe uma forma rigorosamente geométrica. Seu sistema é a forma mais rigorosa do panteísmo.

Kant (1724-1804): filósofo alemão. Partindo da dúvida, reconstitui a certeza por meio da razão prática e conclui pela lei do dever, pela existência de Deus e pela mortalidade da alma.

141. É porque não são vividas.
142. Os que vivem as ideias que pregam.
143. Não.
144. *Buda* (563?-483? a.C.): considerando que viver é sofrer e que o sofrimento resulta da paixão, estabelece como princípio que a renúncia de si mesmo é, para o homem, o único meio de se libertar. Chama-se nirvana o aniquilamento completo do eu.

    Sócrates (470-399 a.C.): foi o criador da ciência moral. Seu método de ensino era a conversação, a interrogação e a ironia. Foi condenado a beber cicuta.
145. Os que não vivem as ideias que pregam.
146. Não.
147. Os que defendem as ideias dos grandes pensadores e líderes políticos mas não agem de acordo com elas.
148. Os que defendem as ideias dos doutrinadores filosóficos, mas não agem de acordo com elas.
149. Os padres corrompem a humanidade. Só os profetas podem fazer a humanidade retomar ao caminho da paz e harmonia.
150. Foi profeta. Um dos maiores que a humanidade conheceu.
151. Resposta pessoal.
152. Resposta pessoal.
153. Resposta pessoal.

DISCURSO DIRETO E INDIRETO – QUESTÕES DE 154 A 203

154. O filho disse à mãe:
    - Me dá aí umas boas pratas ...

A mãe lhe respondeu:

- Como, assim? ...

O filho retrucou:

- Ué, essa daí...

155. O filho pediu à mãe que lhe desse ... A mãe admirou que o filho lhe pedisse dinheiro sem qualquer aviso. Ponderou que não dava, que toda hora ele pedia dinheiro, que ela não era Ministro da Fazenda ... O filho retrucou admirado que aquela queria ter as alegrias da maternidade sem gastar um tostão.

156. Vieira disse a Bernardes:

Eu vivo para fora, para a cidade...

E Bernardes respondeu:

- Eu vivo para a cela, para mim, para o meu coração.

Vieira ponderou:

- Eu estudo graças...

- Eu sou como aquelas formosas de meu natural..., respondeu Bernardes.

Insistiu Vieira:

- Eu faço a eloquência.

- Eu, a poesia.

- Em mim mora o gênio.

- Em mim o amor.

157. Vendo um pavão pela primeira vez em sua vida, o menininho exclamou, entusiasmado, à mãe que olhasse aqui uma galinha em flor.

158. Gritar.

159. O juiz presidente. Aos oficiais de justiça.

160. Mensagem: o juiz pede que se calem para julgar melhor. Tema: crítica humorística ao Poder Judiciário.

161. Apelativa.

162. O presidente irritado em certa audiência gritava aos oficiais de justiça que fizessem calar aquela gente.

163. Disse ainda que se continuasse o barulho, a sessão ficaria encerrada, que já era a décima causa que julgavasem ouvir nada.

164. Dizer/voltar.

165. Não.
166. Um senhor.
167. A um doutor.
168. O doutor e o doente.
169. Ao doente e ao doutor.
170. Dizer, responder, insistir, arrematar.
171. Um senhor perguntou ao jovem se era verdade que da Europa tinha voltado feito doutor. O jovem respondeu se a ele parecia impossível, afirmando que era verdade. O senhor insistiu que ele desse o nome da Academia e da ciência. O jovem disse que não sabia porque o diploma estava escrito em alemão.
172. Diplomado na Alemanha sem saber alemão.
173. O doente ter piorado por seguir a orientação médica.
174. A discrepância que existe entre o que o diploma confere e a real capacidade do diplomado.
175. A Medicina nada sabe do organismo humano.
176. Se o médico que aparece no segundo texto fosse o mesmo doutor do primeiro. .
177. Resposta pessoal. Mas parece que sim. A proliferação das faculdades a partir da década de 60 faz diplomados incompetentes.
178. Resposta pessoal. Ler a resposta da questão 177.
179. Poesia breve e satírica; sátira; dito mordaz e picante.
180. Resposta pessoal.
181. Ele.
182. Errado. Eu ainda não o conhecia.
183. O primeiro solicita; o segundo exige.
184. "Me chame de você".
185. Letra pedagógica, legível.
186. O telegrama amassado; retoma o vício de fumar.
187. Os vidrinhos de comprimidos no lixo.
188. Pode. Não ter o que fazer ou companhias com quem conversar.
189. Poema é o texto onde existe poesia; poema é a obra. Poesia é que desperta o sentimento do belo.
190. b)

191. Não necessariamente primeiro encontro.
192. A primeira hipótese. Vai do simples cumprimento a um jantar íntimo.
193. No começo. No final, há mais conhecimento e intimidade.
194. Contribuiu para a evolução da história: do desconhecido ao conhecido; da indiferença à intimidade.
195. O lixo
196. Lógico. É a fala dos próprios personagens.
197. Resposta pessoal.
198. Imagino Irene dizendo ao entrar no céu.
    - Licença, meu branco!
    E São Pedro, bonachão, responde:
    - Entra, Irene. Você não precisa pedir licença.
199. Irene pede a São Pedro que lhe dê licença. E São Pedro responde que ela entre, que ela não precisa pedir licença.
200. Errado fica mais sonoro. O correto não ficaria eufônico: Entra. Tu não precisas...
201. Resposta pessoal.
202. a) e b)
203. "Você", no texto, refere-se a Irene, que é preta, boa, e está sempre de bom humor.

RACIOCÍNIO LÓGICO – QUESTÕES DE 204 A 244

204. Termo médio: ovelha.
205. Termo maior: é salva.
206. Termo menor: eu.
207. Premissa maior: toda ovelha é salva.
208. Premissa menor: eu sou ovelha.
209. Conclusão: logo, devo ser salvo.
210. A Bíblia.
211. Pede a Deus que o salve já que Ele tem prazer em salvar os perdidos. Diz-lhe para não perder a oportunidade de ter prazer.
212. Termo médio: rio.
213. Termo maior: passa de turvo para claro.

214. Termo menor: eu.
215. Premissa maior: o rio passa de turvo para claro.
216. Premissa menor: eu sou igual ao rio.
217. Conclusão: então passarei de triste para alegre.
218. A comparação é infundada.
219. Heptágono é um polígono de sete ângulos. Polígono redondo teria infinitas faces. Dentro deste mundo ilógico, de tanta falsidade, polígono redondo é lógico.
220. Decálogos são os dez mandamentos da lei de Deus. Ler resposta anterior.
221. Loucos são os que, através da ciência, destroem o mundo.
222. Pensava-se antigamente que a terra era plana e sustentada por elefantes. Absurdo tal qual losango de cinco faces.
223. Critica os ensinamentos da religião. Três deuses num só é o mesmo que heptágono redondo.
224. A expressão quadrática é equivalente a duas expressões do primeiro grau. Só se considerou uma - o que fez induzir a erro. Enfim, ao extrair a raiz de ambos os membros, seria necessário verificar qual o sinal (positivo ou negativo) que satisfaria a igualdade.
225. Lógico. Quando no mundo só reina o absurdo, losango de cinco faces é lógico.
226. Resposta pessoal.
227. A segunda não é inteligível. A primeira é, embora não corresponda a uma verdade biológica. Entendo, mas está errado.
228. A ordem sintática.
229. Sim, está em ordem.
230. Formalmente ela é perfeita, porém não corresponde à verdade.
231. Formalmente ela é perfeita, mas não podemos entender o que ela enuncia.
232. Não sabemos comprovar sua veracidade.
233. Comprovação filosófica.
234. Metafísica é a doutrina da essência das coisas; conhecimento das causas primeiras. Segundo o autor é ininteligível porque

lhe falta comprovação científica, lógica e racional. Justamente esses elementos é que lhe dariam inteligibilidade.
235. É Sintaticamente é perfeita.
236. Não. Falta-lhe comprovação.
237. e)
238. Parece-nos que a frase precisa de comprovação científica. Enquanto isso não for feito, ela continua ininteligível.
239. a)
240. Cada um fala coisas diversas. O primeiro pergunta uma coisa, o segundo responde outra.
241. Qual seu livro preferido?
242. Respondeu à pergunta literalmente formulada.
243. Resposta pessoal. Por exemplo, *Os Lusíadas* de Camões.
244. Se estivesses perdido numa ilha, qual o livro didático que gostarias de ter para aprender algo?

PARÁFRASE E PARÓDIA –QUESTÕES DE 245 A 294
245. Paráfrase. É a mesma história do Gênese.
246. Os dois últimos versos são a chave do soneto de Camões. Ali quer o autor engrandecer o amor, amor fora do tempo e do espaço; não o amor de Jacó e Raquel, mas o amor universal. Portanto, o autor recriou o texto, dando-lhe novo tema. É paródia.
247. Bíblico.
248. Camoniano.
249. Jacó, Labão, Raquel. Pastor/servia. Sete anos.
250. "Não servia ao pai, servia a ela".
251. "Começou a servir outros sete anos".
252. Serrana, o merecimento, a vida curta para tanto amor.
253. "Passava, contentando-se com vê-la".
254. O costume de casar primeiro a filha mais velha.
255. Pedro - Jacó
    Pastora - Raquel
    Índia - Labão

256. No de Camões.

257. Paródia. Mudou-lhe o tema.

258. A sátira, o humor, o sarcasmo, a gozação, a crítica social.

259. a) O texto de Camões.
b) O texto de Gregório de Matos.
c) O texto bíblico.

260. Porque foi extraído textualmente de Camões.

261. A Bíblia.

262. "Lia tinha os olhos defeituosos"...
"Não é costume casar a mais nova antes da mais velha".

263. Contrato de casamento.

264. No leito nupcial.

265. "Vendo o triste pastor que com enganos assim lhe era negada sua pastora".

266. Não se casaram. Uniram-se.

267. Aproxima-se de Camões.

268. No italianismo.

269. O Giacó aceita o engano, embora aborrecido com o sogro. Camões exalta em Jacó o ideal do amor.

270. Zé - Jacó
Joaquim - Labão
Dinhâiro - Raquel

271. Caixeiro, esperto, cofre, ir embora.

272. c)

273. Todo o soneto gira em torno do dinheiro.

274. a)

275. Na Bíblia.

276. Para provar o tema: a ignorância tira o merecimento ao amor.

277. Raquel é a pessoa que você ama e que traz no pensamento.

278. Lia é a verdadeira pessoa de seu amor.

279. Cristo conhece as pessoas e ama-as como são.

280. Refere-se a Judas.

281. Raquel - diamantes
Lia - vidro
Jacó – Quem
282. Raquel - perfeições
Lia - defeitos
Jacó - Quem
283. Porque não há ignorância no seu amor.
284. Resposta pessoal.
285. Resposta pessoal.
286. Os astros/as artistas.
287. Certo perdeste o senso - estás beirando a maluquice extrema.
Abro as janelas - não perco o ensejo.
E conversamos toda a noite - não perco fita.
Que sentido têm o que dizem - as estrelas que dizem?
Amai para entendê-las - aprende inglês para entendê-las.
Pois só quem ama - só sabendo inglês.
288. No amor nos faz integrar a beleza do universo.
289. Gozação, humor.
290. Na segunda estrofe.
291. Saber inglês.
292. O cinema.
293. No primeiro ouvir é figurado. No segundo, estrela é figurado.
294. Não! A imitação é que lhe deu o senso humorístico.

INTERPRETAÇÃO DE TEXTOS –QUESTÕES DE 295 A 324

295. Resposta pessoal.
296. Voltaire (1694-1778): poeta e prosador francês. Cultivou todos os gêneros. Sua influência literária e social foi enorme. O Iluminismo tem nele um de seus mais legítimos representantes.
297. Coisa estranha o sonho. Todos os sentidos estão dormindo e você ouve, fala, vê. Será que a alma abandona o corpo? Mas como a alma, livre do corpo, pode sonhar tanta coisa sem sentido? Um fato é certo: sua vontade não intervém no sonho. Também é certo que em todos os tempos os sonhos estão associados à superstição.

298. a) Como é possível sonhar com os sentidos dormindo? Do início até "gritantes".
b) Será a alma que abandona o corpo?
De "Será a pura alma" até "bom filósofo".
c) Você sonha independentemente da vontade.
De "Qualquer que seja" até "animal"...
d) Sempre houve superstição com relação aos sonhos. De "Os sonhos" até o final.

299. Um dicionário onde o autor discute religiosa e filosoficamente cada verbete apresentado: Deus, anjo, demônio, Abraão etc.

300. Sonho, sentidos, alma, vontade, superstição.

301. Só questiona.

302. O exemplo do cão, do poeta, do matemático, do metafísico.

303. O autor não aceita a ideia segundo a qual a alma, livre do corpo, portanto em liberdade, possa enlouquecer.
Parece este o entendimento do autor em resposta à questão que formula.

304. Fora do corpo é livre.

305. A alma em liberdade teria muito mais condições de investigar livremente os objetos que pretende conhecer. Presa ao corpo, fica limitada.

306. Crítica aos filósofos que acreditam que a alma, livre do corpo, tem condições de apreciar a verdade.

307. É ironia.

308. Acredita. Não há ironia.

309. Resposta pessoal.

310. Resposta pessoal.

311. Psiquiatra austríaco (1856-1939) que se tornou conhecido pelo seu método de tratamento psicológico - a psicanálise. Interpretou por influências psicossexuais grande número de atos humanos. Freud desmascarou o homem.

312. Os sonhos podem ser classificados assim:
a) desejo não reprimido;
b) desejo reprimido com simulação;
c) desejo reprimido sem simulação.

O primeiro acontece comumente na infância. No segundo, não há angústia. No terceiro aparece a angústia, que pode interromper o sono.

Entre os sonhos da segunda categoria aparecem também aqueles de desejo camuflado. Ele é claro mas não angustia.

313. a) Categorias de sonho. Do início até "há muito reprimido".

b) Sonhos de conteúdo penoso sem angústia. De "Dentre os sonhos" até "camuflar o desejo".

c) Um exemplo de sonho de conteúdo penoso sem angústia. De "Uma jovem" até o final.

314. *Interpretação do Sonho.* O nome já diz.
315. Sonho, desejo reprimido, angústia, simulação.
316. Ler resposta **312**.
317. O sonho - através de um processo mental - realiza um desejo.
318. Não! O sonho é a realização de um desejo.
319. Qual a razão por que todas essas ideias são quase sempre irregulares, *irrazoáveis,* incoerentes?
320. Freud discorda de Voltaire, já que para aquele o sonho é a realização de uma vontade.
321. Não!
322. Também não!
323. Deseja ganhar a batalha e sonha com a vitória. Se na realidade for vencedor, será uma mera coincidência.
324. Freud. O grande fundador da psicanálise. Estudou o sonho cientificamente.

Respostas às questões em forma de testes

1.	C	26.	A	51.	C	76.	C	101.	E	126.	A	151.	B	176.	D
2.	B	27.	B	52.	D	77.	C	102.	D	127.	E	152.	C	177.	A
3.	E	28.	C	53.	E	78.	D	103.	A	128.	B	153.	D	178.	A
4.	B	29.	B	54.	B	79.	B	104.	B	129.	B	154.	A	179.	D
5.	C	30.	D	55.	C	80.	E	105.	E	130.	C	155.	B	180.	A
6.	A	31.	C	56.	A	81.	D	106.	A	131.	E	156.	D	181.	C
7.	D	32.	A	57.	D	82.	C	107.	C	132.	D	157.	E	182.	E
8.	E	33.	B	58.	D	83.	A	108.	E	133.	C	158.	B	183.	E
9.	C	34.	D	59.	B	84.	A	109.	B	134.	B	159.	A	184.	B
10.	A	35.	C	60.	C	85.	B	110.	C	135.	A	160.	A	185.	B
11.	C	36.	A	61.	E	86.	A	111.	D	136.	D	161.	C	186.	C
12.	A	37.	E	62.	C	87.	A	112.	A	137.	A	162.	B	187.	C
13.	E	38.	C	63.	E	88.	E	113.	D	138.	E	163.	E	188.	E
14.	D	39.	D	64.	B	89.	E	114.	B	139.	C	164.	C	189.	B
15.	B	40.	B	65.	A	90.	E	115.	E	140.	E	165.	D	190.	D
16.	E	41.	D	66.	D	91.	B	116.	C	141.	E	166.	A	191.	D
17.	C	42.	C	67.	E	92.	D	117.	D	142.	D	167.	E	192.	A
18.	E	43.	B	68.	E	93.	B	118.	C	143.	C	168.	B	193.	B
19.	D	44.	A	69.	A	94.	C	119.	D	144.	B	169.	B	194.	E
20.	A	45.	A	70.	B	95.	D	120.	A	145.	C	170.	E	195.	D
21.	E	46.	E	71.	C	96.	A	121.	D	146.	A	171.	A	196.	B
22.	D	47.	B	72.	D	97.	B	122.	E	147.	E	172.	D	197.	E
23.	A	48.	D	73.	A	98.	D	123.	A	148.	A	173.	C	198.	E
24.	E	49.	E	74.	C	99.	C	124.	B	149.	D	174.	C	199.	A
25.	C	50.	A	75.	B	100.	C	125.	D	150.	B	175.	D	200.	B

Bibliografia

Livros que serviram de apoio à criação desta obra:

Curso de Redação
Editora Harbra Ltda
Jorge Miguel

Curso de Literatura
Editora Harbra Ltda
Jorge Miguel

Das origens ao Arcadismo
Editora Harbra Ltda
Jorge Miguel

Do Romantismo ao Simbolismo
Editora Harbra Ltda
Jorge Miguel

Modernismo
Editora Harbra Ltda
Jorge Miguel

Curso de Língua Portuguesa
Editora Harbra Ltda
Jorge Miguel

Estudos de Língua Portuguesa
Editora Harbra Ltda
Jorge Miguel

Manuel Bandeira
Editora Harbra Ltda
Jorge Miguel

Teixeira de Pascoaes
O texto em análise
Texto Editora – Portugal
Antônio Afonso Borregana

Os Lusíadas – Poema Épico
Luís de Camões
Livraria Clássica Editora – Lisboa
Francisco de Sales Lencastre

Cancioneiro Geral – O texto em análise
Texto Editora – Lisboa
Antônio Afonso Borregana

Exames – AD HOC
Edições Bonanza – Portugal
Alçada Batista – Peregrinações Interior

Exames Nacionais de Português
Edições Sebenta
Avelino Soares Cabral – Portugal

Como Ler Poesias
Editora Scipione
José Nicola e Ulisses Infante

Folhas Caídas – Almeida Garrett
Edições Bonanza – Portugal
Lígia Arruda

Nossa Cultura
Editora FTD
Geraldo Matos

Exames Nacionais de Portugues
Edições Sebenta – Portugal
Avelino Soares Cabral

Provas Globais de Português
Edições Sebenta – Portugal
Avelino Soares Cabral

Folhas Caídas – Almeida Garrett
Edições Sebenta – Portugal
Helena Pires Nunes e Maira das Dores Marques

Sermão do Bom Ladrão
Padre Antônio Vieira

O Texto em Análise
Texto Editora - Lisboa
Antônio Afonso Borregana

Alberto de Oliveira
Livraria Agir Editora

Peregrinações Interior
Edições Bonanza
Alçada Baptista

Como ler poesia
Editora Scipione
José Nicola e Ulisses Infante

Almeida Garret
Edições Bonanza
Lígia Arruda

Introdução à Leitura de Fernando Pessoa e heterônimos
Edições Sebenta
Avelino Soares Cabral

Créditos da fonte

As questões em forma de testes foram elaboradas com auxilio de obras especializadas, cuja biografia relatamos neste livro. Registram-se aqui as obras de que foram extraídos os textos que serviram de apoio para elaboração dos exercícios. Identificam-se também os exercícios cujo "caput" introduz a pergunta ou cuja alternativa responde, corretamente, às questões. Foram colhidas das obras elencadas. Enfim, a bibliografia relata os livros de estudo e consulta. "Crédito da Fonte" nomeia o livro de que se extraíram os textos para a elaboração dos exercícios, como também identifica o livro de que se extraíram, literalmente, a cabeça da pergunta e suas alternativas corretas.

De "O texto em análise"
Antônio Alfonso Borregana
Texto Editora - Lisboa
Texto: "Terra Proibida"
Questões: 21, 22, 23, 24, 25, 26, 27 e 35
Texto: "Cantiga sua, partindo-se"
Questões: 58, 59, 60 e 75
Texto: "O Estatuário"
Questões: 89 e 90
Texto: "Se é doce no recente, ameno estio"
Questões: 116, 117, 119 e 127.

De "Exames ad hoc"
Alçada Baptista
Edições Bonanza
Texto: "Um genocídio"
Questões: 96, 97, 98, 99 e 105

De "Exames Nacionais de Português"
Avelino Soares Cabral
Editora Sebenta

Textos: "O sonho" e "O Quinto Império"
Questões 106, 107, 108, 109, 110 e 115

De "Como Ler Poesia"
José Nicola e Ulisses Linfante
Editora Scipione
Texto: "Doçura de, no estio recente"
Questões 132 e 134

De "Almeida Garrett"
"Folhas Caidas"
Lígia Arruda
Edições Bonanza
Texto: "Não te amo"
Questões 136, 138, 139, 140, 141, 144, 145 e 147

De "Nossa Cultura"
Geraldo Mattos
Editora FTD
Textos: "O tu que vens de longe" e "Cheguei. Chegaste"
Questões 157, 158, 159, 160 e 162

De "Introdução à leitura de Fernando Pessoa e heterônimos"
Avelino Soares Cabral
Edições Sebenta
Texto: "Ela canta, pobre ceifeira"
Questões 166, 167, 168, 169, 171, 172 e 173
Texto: "Mar portuguez"
Questões 178, 179, 180, 181, 182, 183, 184, 186 e 187
Texto: "O Infante"
Questões 191, 192, 193, 194, 195, 196, 197, 198, 199 e 200.

www.dvseditora.com.br